高齢期を生きる障害のある人

人とつむぎ、織りなす日々のなかで

張 貞京
Chang Jeongkyong

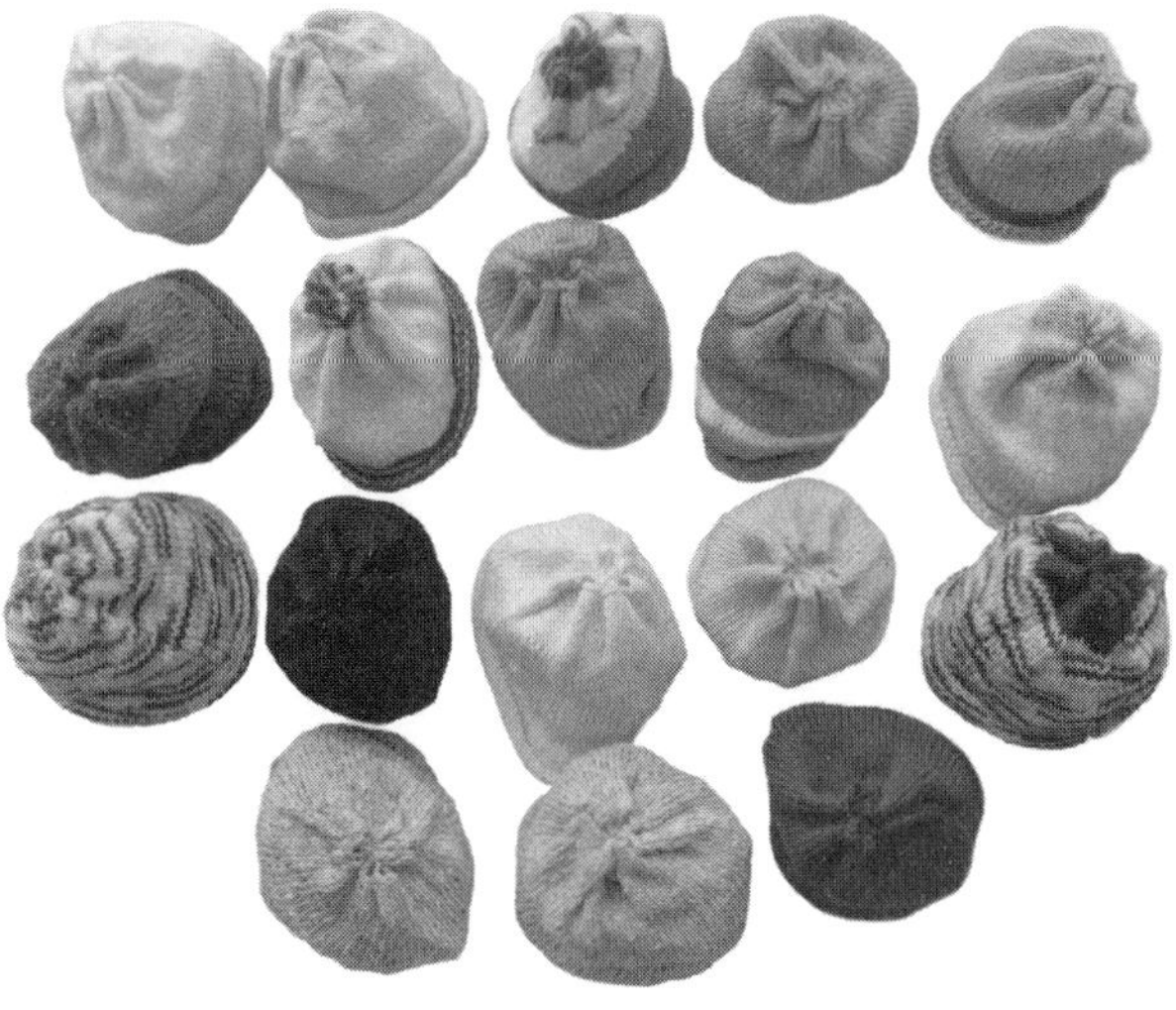

全障研出版部

はじめに

共に生きる

人と人が共に生きることの意味を考えてみたいと思います。

知的障害のある人の入所施設であるもみじ・あざみでの出来事です。

ある日、40歳を過ぎてから言葉を発するようになったともこさんが、60歳を過ぎ白髪が目立つまこさんの布団を片付けていて、洗面所から戻ったまこさんに怒られる場面に遭遇しました。まこさんは、「もぉー、やめて！」と怒っています。自分で片付けられるからです。怒られたともこさんは、「ごめん！」と言っては、その場をそそくさと去っていきました。

まこさんはみんなよりもできることが多く、誰に対してもやさしく、ていねいに教えることができる、みんなの憧れの人です。言葉の発達が遅く、他者と目を合わせることがむずかしいともこさんも、まこさんから、たくさん教わってきました。まこさんが身体の痛みを訴えるようになったり、白髪が目立つようになってから、怒られながらもチャンスがあれば、まこさんの布団を片付けようとしていたのです。助け合いを確認する自治会での会話を、ともこさんがどれくらい理解していたかわかりませんが、まこさんを大切にしようとする想いが伝わる場面でした。ただ、まこさんが周りの力を頼るには、もう少し時間が必要だったのです。

　一方、ともこさんは暮らしやしごとで、場所を移動する時に泣いて立ち止まったり、部屋の中に入らなかったりする姿がありました。そんなともこさんが、まこさんを手伝おうとしますから、まずは、自分のことをやってからと言われるかもしれません。しかし、職員はともこさんが積極的に他の人を手伝うことができる役割を提案しました。他者を手伝う場面が増えていくと、ともこさんの泣いて立ち止まる姿はみられなくなりました。他者を助けることが、自分を調整することにつながったのでしょう。

「共に生きている」といっても、みんなが同じような力を持っていて、同じ働き方をしているわけではありませんし、暮らしの中でずっと同じ時間を過ごし、同じ役割を担っているわけではありません。今はむずかしいけれども、みんなとの暮らしの中でいつかできるようになることをめざしながら、自分にできることをがんばります。むずかしいことはできる人が補ってくれます。そんな日々があったからこそ、高齢期を迎えできていたことができなくなった時、みんなが力になります。

共に考える

　もみじ・あざみは、滋賀県南部の湖南市石部にある施設です。近江学園*の流れを汲み1953年に大津市内につくられた「あざみ寮」から始まりました。その後、石部への移転にあわせ

＊糸賀一雄（1914～1968）らによって立ち上げられた戦災孤児や障害のある子どもたちの暮らす児童養護施設。現在は障害者入所施設。

て「もみじ寮」を開設し、1969年からしごとと暮らしを集団でつくりあげる日々に取り組んでいます。一人ひとりの入所時期は異なりますが、ほとんどの人が幼い頃からもみじ・あざみで暮らしてきています。現在は20代から90代まで、もみじに43名、あざみに25名が暮らしています。

共に支え合って暮らす日々は、職員が共に考えることで支えられています。もみじ・あざみの職員がみなさんと共に考える姿勢は、故三浦了施設長の朝礼に表れています。

三浦さんは、朝礼でどんな話から始めるか、常に考えていたそうです。みなさんが興味関心を持ち共感できる話題から始め、三浦さんが感じたことや困ったことをわかりやすく紹介するので、笑いと共感の声があがります。続いて、みなさんの話を聞きます。誰かの訴えや気づきから、困ったことや評価されるべきことなど、みなさんの暮らしの中の話を取り上げ、誰かの困った行動など非難される話には、本人の想いを聞き取り、みんなで考え、三浦さんが共に謝ります。逆に、評価されるべき行動は、大いに評価して共に喜びます。朝礼に参加している職員にとっても、みんなで考えていく姿勢を学ぶ場面でありました。

共に考える姿勢があっても、相手の想いを読み取り、理解することは簡単なことではありません。高齢期ではありませんが、知的障害のある人の生きる場所の選択に関して考えさせられた例を紹介したいと思います。

2004年にまさみさんが急激に進行する悪性腫瘍の疾患で亡くなりました。52歳の若さでした。疾患が見つかった時、家族も、職員も、まさみさんが北陸地方にある実家に帰ることを望むだろうと思っていました。ところが、まさみさんは、「私は帰りません。あざみ寮（当時）で病気を治します」と話し、みんなを驚かせます。

まさみさんは好きな歌手の情報をチェックするために、定期的に情報雑誌を買っていました。同じ歌手が好きな友だちに、嬉しそうにテレビ番組やコンサートの情報を教える姿もありましたが、雑誌は必ず実家に持って帰るのです。ほかにも大切なものは必ず実家に置いてくるので、まさみさんにとって、もみじ・あざみより実家が帰りたい場所なのだろうと考えていました。

30代の時、まさみさんは一度、地元の作業所で実習した後、「あざみを辞めない」と、家族に言ったそうです。その理由は「（作業所の）作業がつまらない」こと、「話し合える友だちがつくれない」ことだったそうですが、10年以上も前のことで、いつも大切なものを実家に送る姿から、仲間との暮らしと時間を選ぶとは思っていなかったのです。

知的障害のある人たちは、自分の想いを的確に表現することがむずかしいこともありますが、何を選ぶことができるのか、自分が選びたいものは何かを考えるために、支援が必要な場合があります。また、相手に適切に伝える手段を持たない場合、身近にいる支援者が知的障害のある人の選択を推測し決定することがあるでしょう。

まさみさんのように言葉で表現できても、大切な場面であるにもかかわらず、共に考えられずにいれば、いつもの行動から想いを解釈することがあるかもしれません。障害の程度や年齢のちがいがあっても、目の前にいる人の想いや願いはなにか、変化していく存在としてとらえ、共に考えていく姿勢をあらためて意識した出来事でした。

本書では、もみじ・あざみのみなさんがみせる高齢期の姿と願い、そしてかかわっている職員の悩みと取り組みを紹介します。紹介した事例と実践の歴史から、実践上のヒントが得られることを願っています。

張　貞京

高齢期を生きる障害のある人　人とつむぎ、織りなす日々のなかで　目次

第1章　高齢期の発達に光を当てる

滋賀県にあるＪＲ石部駅の改札口を出たところに、駅前公園があります。その片隅にある、「道」と書かれた小さい石碑の右側面に、次の言葉が書かれています。

「こどもしかるな　きた道じゃ
としよりわらうな　いく道じゃ[1]」

子ども心を理解する大人であれ、と戒められていると感じると同時に、年寄りになっていくのが人類共通の道であることを思い出させてくれます。健康状態や疾患の有無などで個人差はあるでしょうが、自分自身も高齢になっていくのだと。

高齢者といっても一人ひとりがちがいます。身体的な変化や疾患の有無、身近な人の様々な変化から影響を受けたり、周りの人とのかかわり方や暮らし方が変化したり、身近な環境変化にどう対応するか、本人の状況や意識も多様です。高齢になっていく人たち、高齢期を過ごす人たちにかかわっていく者として、さらに、自分自身が高齢になっていく者として、高齢期の発達とその豊かさを知り、伝えていきたいと願っています。

高齢期のイメージ

みなさんは高齢期について、どのようなイメージをもっているでしょうか。２００４年に加齢に関する意識調査の結果を内閣府が発表しました。20代以上を対象に、年代別で分けた結果をみていきますと、高齢者は「経験や知恵が豊かである」といったイメージを、どの年代でも対象者の半数がもっていました。しかし、それ以外は、「心身がおとろえ、健康面での不安が大きい」をはじめ、「収入が少なく、経済的な不安が大きい」「周りの人とのふれあいが少なく孤独である」など、ネガティブなイメージが多くを占めています。年代に関係なく、高齢期に不安を抱く人が多いようです。

世界的にも高齢化が進んでいますが、日本の高齢化は２００５年頃から世界でも高い水準で進んでいます。内閣府の「令和４年版高齢社会白書」では、日本の総人口に占める高齢化率の割合が２０２１年に28・９％となっています。内訳は65歳から74歳までが14％、75歳以上が14・９％ですから、超高齢化社会といわれる所以です。１９７０年の高齢化率が７％を超える程度でしたから、50年間で４倍に増加しています。

また、出生率の低下が続いて、総人口数が減少していくなかでも、高齢化率は減少しないだろうと予想されています。人口比率から、１９５０年では高齢者一人を支える現役世代（15歳〜64歳）が12・１人いたことに対して、２０２２年には現役世代２・１人が高齢者一人を支える状況になっているそうです。この報告が高齢者本人とその家族、そして、現役世代にどのような思いを抱かせ、影響していくのか気がかりです。

健康意識が高まり、活動的な高齢者も増えているように思いますが、ネガティブなイメージを変えるべく、社会制度的な改善が必要でしょう。そして、なによりも、高齢者一人ひとりの生きてこられたライフヒストリーを尊重し、高齢期を人間発達の大切な時期としてとらえ光をあてる理解と改善への努力が求められています。

知的障害のある人の高齢化

社会全体で高齢化が進む現状ですが、障害のある人はどのような状況でしょうか。2000年に厚生省（当時）が「知的障害者の高齢化対応検討会」を開催したことが公的な取り組みとしてはじめてではありますが、それ以前から知的障害のある人の高齢化が進んでいたことが伺えます。

日本知的障害者福祉協会がおこなった調査研究では、2020年に知的障害関係事業所の60歳以上の知的障害のある人が占める率は、18・2％と前年度より増加している現状が報告されました。全体で65歳以上の人は1万8270人であるとして、そのうち75・5％（1万3793人）が施設入所支援に在籍しているとのことでした。なお、調査の回収率は対象施設の約7割であり、高齢になった人の数はもっと多いことが推測されます。

知的障害のある人は、個人差があるものの、身辺自立や言葉、手先、言語社会の発達などが、ゆっくりと時間をかけて成長発達していきます。さらに、老化の進行が早い傾向にあるといわれています。

知的障害のある多くの人たちが高齢期になってきています。高齢期にいる人たちが何に悩み、どんな願いをもち、どのような発達の姿をみせているのか、そのねうちを明らかにする必要があると思います。それは、知的障害のある人の身近にいる支援者が抱くであろう戸惑いや不安を軽減し、高齢期を支援する道しるべとなるのでしょう。

支援者にとっての高齢期

高齢期の姿は様々ですが、ここで、知的障害者の入所施設で長年暮らし、すべてに介護が必要になった場合について考えてみたいと思います。

もみじ・あざみでは、２００２年に88歳のたえさんを施設内で初めて看取りました。ほかにも、入所している人の加齢による変化が刻々と進み、支援する職員の戸惑いと不安が増していく現状がありました。できなくなることが増え、介護の度合いが高まっていく人を目の前に、職員も悩み続けます。これまでできていたから、まだできるはずだと求めるのか、老化だから仕方がないと受け止めるのか、その先に待つものは何か…自分たちにできることは何かを探し求めていました。

一方、加齢にともない職員の業務は、着脱や排せつ、食事、車いす使用などの介助頻度や程度が増し、さらに医療受診や服薬管理などの対応にも翻弄されることになります。なかには吸引などの医療行為を必要とする人もいて、その責任に重圧を感じる職員もいました。

長い時間をかけ、暮らしとしごとを通してつくられてきたつながりを守っていきたいと思いながらも、今、ここで、自分たちが介護をおこなうことへの不安と悩みが大きかったように思います。一人ひとりに合わせて対応するには、制度的に整備されている体制とは言い難く、介護保険と障害福祉のサービスの狭間でもがきながらできることを模索していました。

礼儀正しく素敵な笑顔のたえさんは、手を動かすしごとが得意で、高齢になってからも布巾などに刺し子をして働き続けました。亡くなる半年前からたえさんは自力で歩くことができず、部屋のベッドで横たわって過ごすようになります。信頼する職員とは、口げんかをよくしていたそうです。職員はたえさんと年齢差が50歳以上もあるので、おばあちゃんと孫の口げんかにしか見えません。たえさんが過ごす部屋の天井には大きなポスターが貼られ、大好きな歌手がにっこりとベッドに横たわるたえさんを見つめます。88歳で亡くなるまで、たえさんは大好きな歌手のコンサートに行ったり、刺し子で手を動かしたりしながら過ごし、最期は共に暮らしてきた仲間と職員に看取られました。たえさんの生きてこられた場所や時間、他者とのかかわり、そのつながりを大切にしたからこそできた看取りでありました。

たえさんを介護するにあたり、職員は暮らしを共にする仲間との話し合いで、「たえさんを大切にする」目標を立てたといいます。たえさんを大切にする介護をみんなの学びにしていったことを次のように報告しています。

「まずは職員の意識を変えることから始めた。…普段の会話の中でも、たえさんについてよく話した。たえさんの口の悪さにまいることもあり、…「たえさんはいろいろわからなくなってしまっている。みんなと一緒に動けずに寂しいし置いていかれると思っている」など説明した。そして利用者に自分の親のことを考えてもらうようにした。（親のように）大切にしていきたいと思っている存在と同じくらいの年齢ということで理解を示してくれた。…これまでも、亡くなった利用者はいる。しかし最期の時を寮で看取ったのはたえさんが初めてであった。…利用者にとっては、これから老いていっても大丈夫だという安心感がえられたのではないかと思っている」

さらに、「介護は世話をする、されるの関係ではない。気持ちのやりとりだと思う」とまとめています。高齢期と大切に向き合うことが支援する職員、近くにいる仲間に学びを与え、共に生き、共に学ぶなかで支え合うことの意味を気づかせているように思います。

人生のつながりのなかで共に生きる

高齢のたえさんを介護し看取った職員たちは、制度的なバックアップもない状態であったにもかかわらず、なぜ介護と看取りをしようとしたのでしょうか。それは職員たちにとって、たえさんがただ介護する対象としてではなく、長い時間をかけて暮らしとしごとを自分のものにし、仲間や職員と共に生きてきた存在であったからなのでしょう。また、介護と看取りが共に生きる人たちにとっても意味のある人生の経験であること、大切にしたい時間であることを感じていたのです。

知的障害のある人のなかには、たえさんのようにゆっくりと高齢期の変化が現れる人ばかりではありません。変化を言葉で表したり、周りに伝えたりすることができずにいる人もいるのでしょう。もし、知的障害のある人が老化と考えられる急激な変化をみせ、不安定な姿をみせているなら、その人自身が変化との向き合い方に悩む存在として葛藤している姿だととらえるべきではないでしょうか。身体機能の急激な低下や疾患などをきっかけに、老いへの向き合い方を自分のものにするために支援を求めている存在として、発達を保障されるべき存在として向き合っていきたいものです。

発達とは自分自身の変化、環境の変化と向き合い、かかわり方や付き合い方を新たにしていく過程であり、意味づけ直していく過程であるといえます。高齢期の発達保障は、なにかをできるようにすることではないと思います。それまでに重ねてきた時間と内面を持つ一人ひとりのねうちに、新たな意味を見出すことができるように考え支援していくことが課題であり、かかわっているみんなにとっても発達の契機となるのではないでしょうか。

1) 石部駅前公園は歴史的に東海道五十三次の51番目の宿場町としてにぎわった石部宿を記念してつくられ、公園内に旧関所跡が再現されています。公園を管理している担当部署に問い合わせましたが、「道」の石碑が建てられた経緯や言葉に込められた意味を知ることはできませんでした。ただ、永六輔さんの『大往生』(岩波新書)で紹介されている言葉に似ていることがわかりました。
「子供しかるな　来た道だもの　年寄り笑うな　ゆく道だもの」

参考文献
社会福祉法人大木会もみじ寮・あざみ寮『報告書２　共に生きる　あざみ寮・もみじ寮の50年・35年』、２００４年

石部駅前公園「道」の石碑

第2章　一人ひとりの人生からみつめる高齢期

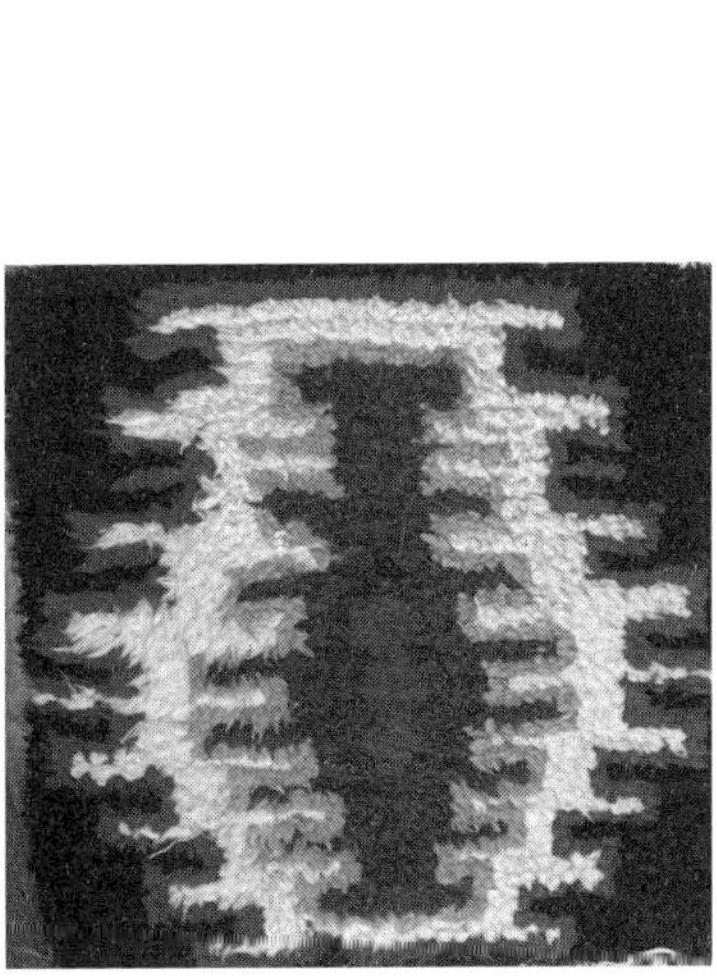

1　高齢になった知的障害のある人たち

高齢期の理解と支援

高齢期のとらえ方について考えてみましょう。ＷＨＯ（世界保健機構）は、65歳以上の人を高齢者と定義しています。２０２０年12月には、２０２１年から２０３０年を「健康な高齢化の10年」とする決議案が国連総会で採択され、すでに取り組みが始められています。その宣言のなかに「年齢と高齢化に対する私たちの考え方、感じ方、行動を変える」ことが挙げられています。これは世界的に高齢化が進み、その対策が求められている現状を物語っていますが、なによりも高齢化に対する認識の変革が必要であることを意味しています。

つまり、高齢者の機能低下ばかりに注目し、介護をうけるばかりの存在としてではなく、高齢者一人ひとりの人格を認め、喪失も含めた様々な変化を通して高齢期が発達的な意味を持つ可能性があることを明らかにしようとしています。

しかし、障害がある場合の高齢期について理解することにはさらなるむずかしさがあります。特に、知的障害がある人は、老化現象が早いとされています。生来的な問題も考えられますが、心身の不調や疾患に対する気づきや対応のむずかしさが影響しているといわれています。知的障害の程度によって、本人が心身の不調を適切に表現することがむずかしく、周りの人にもわかりづらいため、気づいたときには深刻な状態になっていることもあります。疾患だけでなく、身近な人の老いや死に直面して見せる悲しみや不安についても、表し方は一人ひとりちがい、周りが気づけないことがあります。言葉で思いを表現することがむずかしい人も、悲しみや不安などからくる変化だと考えられる姿を見せますが、時に適切に表現することが困難なことがあり、周りが理解して支援することをむずかしくします。知的障害の程度や表現の適切さにかかわらず、どのような表現か、変化のタイミングはいつかなど、いま見せている姿だけでなく、これまでの姿をふまえてその変化を的確にとらえていくことが必要です。

心身の不調や不安などの表現の困難さに加えて、支援する人の本人理解とかかわり方によっても対応が左右されます。たとえば、就職したばかりの職員なら、目の前の人は出会ったときから知的障害のある「高齢者」の人とだけ映っているかもしれません。また、言葉で思いを表現できる人だとしても、支援する職員に対して、いつでも誰にでも思いを伝えるわけではありません。知的障害のある人たちの高齢期を支援していくためには、その人がどのような生を営んできたのか、それまでの日々を知り、理解しようとする姿勢があってはじめて、その人の表現が見えてきますし、思いを伝えてくれようとする姿に出会うことができます。

日々を生きること

私は30年ほど前からもみじ・あざみに通い続け、エネルギーあふれる30代、40代だったみなさんが年を重ねていく姿を見てきました。入所しているみなさんとその家族も高齢となり、何人もの人が亡くなっています。老いた家族の変化にとまどい、不安定な姿を見せたり、大切な人の死を受け入れられなかったりします。重い疾患であったにもかかわらず、本人の希望で暮らしてきた場所で闘病した末に、看取られた人もいました。表現の手段や話すタイミングなどにちがいはありますが、衰えや喪失のなかで抱く悲しみや寂しさ、不安や心配を聴きとって、職員と共有し支援を考えてきました。

近年はみなさんの加齢による変化だけでなく、支援する職員の状況もきびしくなっています。高齢期となった人たちに対して介護的な対応が増えていることは否めませんが、これまでに積み重ねてきた生き方、暮らし方が高齢になった人たちの日々を彩っています。

衰えと喪失が増えていても、今なお願いをもって悩みながら、発達主体としての穏やかな輝きをみせています。

さえこさんからの手紙

本書の元となった2021年度『みんなのねがい』の連載は、コロナ禍による不安と制限のなかで先が見通せない時期に書いていました。次の手紙を紹介し、高齢期の支援とは、生涯発達のなかに位置付けられたものであることをあらためて考えていきます。

2020年の6月、感染症対策として施設に出入りする人が制限されていたため、もみじ・

あざみを訪れることが叶わない日々が続いていた頃に届いた手紙の一つです。

織物とむすび織の工房でみんなのしごとを支えている、さえこさんからの手紙には、「ちゃんさん　お元気ですか　ちゃんさんと私は　まえにいっしょに　お話しをしましたね　おぼえています。いまはコロナがはやっていますから　ちゃんさんは　りょうに来られないから　あえないし　私はがまんして　コロナがおちつくまで待っています。では　さようなら　さえこより　ちゃんさんへ」と書かれています。

70代になっているさえこさんは、いつも時間がないと言いながら忙しそうに動き回り、ゆっくり話を聞かせてくれませんが、コロナが落ち着くのを〈待っている〉と書いています。コロナが収束し、前の暮らしを取り戻したい願いと期待が込められています。同封されていたほかの3通にも同じように、こちらへの気遣いと近い未来への願いが書かれていました。

ニヤリと笑みを浮かべて人を試すような質問をするさえこさんの手紙から、異例の感染症に振り回される時間を送っていたこちらを笑っている声が聞こえてきました。

人類は感染症だけでなく、災害など予期せぬ事態に直面し、それを乗り越えていく歴史を重ねてきています。ワクチンの開発や国策による取り組みなどが必要なことは言うまでもないですが、一人ひとりが自分自身と身近にいる人とのつながりのなかで、日々の暮らしを守り、大切に生き続けてきたからこそ乗り越えてきた歴史だともいえます。さえこさんは身近な人の老いや死、自分の病気と老いとも向き合ってきました。そんなさえこさんにとって、コロナ禍も

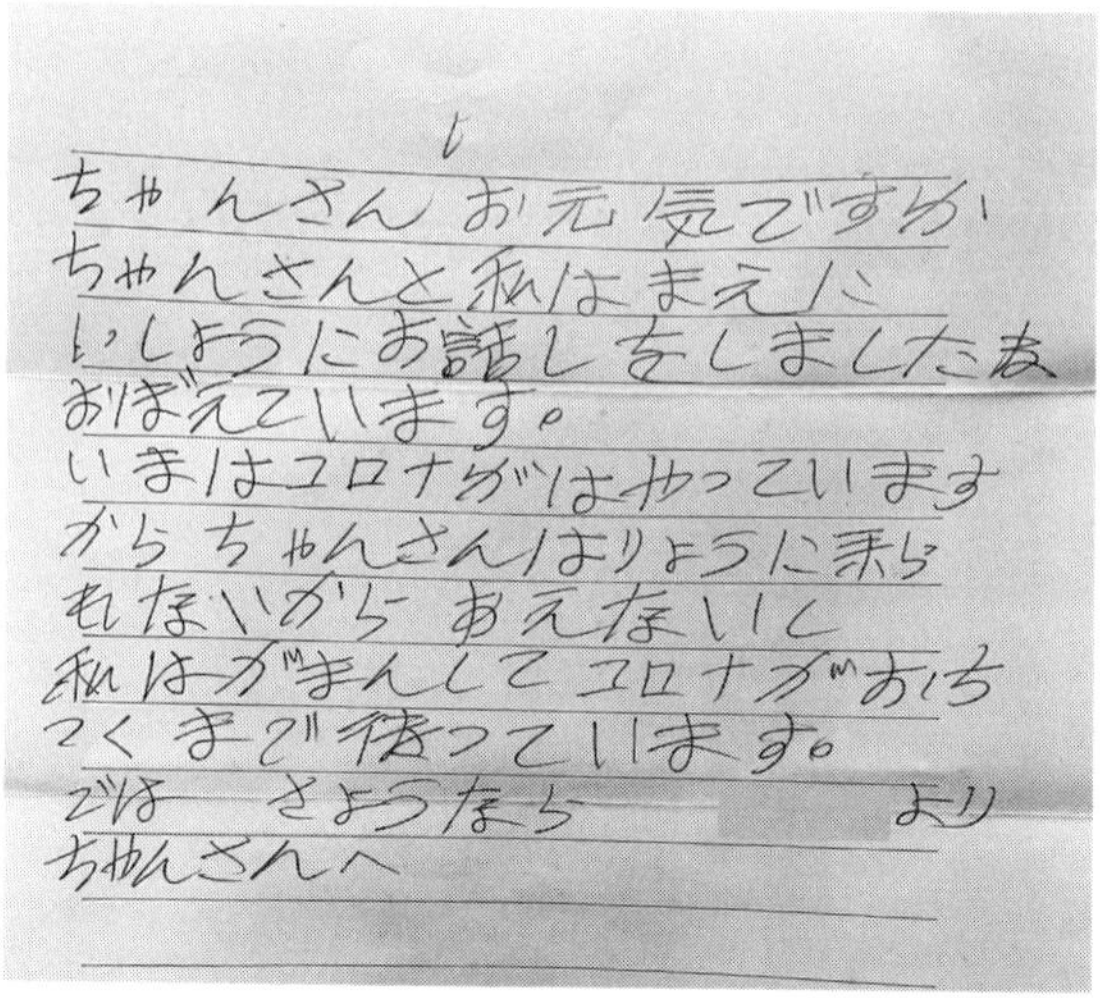

ちゃんさん お元気ですか
ちゃんさんと私はまえに
いっしょうにお話しをしましたね
おぼえています。
いまはコロナがはやっています
からちゃんさんはりょうに来ら
れないから あえないし
私はがまんしてコロナがおち
つくまで待っています。
では さようなら よリ
ちゃんさんへ

さえこさんから届いた手紙

いつか終わる、生きているなかで起こりうる出来事の一つなのです。もちろん、さえこさんがこのような手紙を書けるのは、職員が感染症対策を徹底し、もみじ・あざみのみなさんの健康を守っているからでもありますが、困難や苦しみ、悲しみを乗り越えてこられたさえこさんだからこそ書ける手紙だと感じています。

豊かな暮らしを支えるもの

そして、手紙というコミュニケーション手段の力と意味をあらためて考えさせられました。これまでは、みなさんの思いを直接会って聞き取ってきたため、施設を訪ねることができない代わりにインターネットを利用した聞き取りを模索していました。ところが、環境が整わず、実施がむずかしいとわかり、ほかに方法はないものかと悩んでいた頃にこの手紙が届いたのです。

もみじ・あざみのなかでも手紙を書ける人は一部です。書くことがむずかしい人には、字が書ける人や職員が代弁して家族や知人に手紙を送ってきました。手紙は、すぐに会えない人とつながる手段として、相手を思い描き、相手に伝えたい思いがなければ意味をなしません。文字が書けず、うまく気持ちを表すことができなくても、手紙をいっしょに書く時間は、遠く離れた人とつながりたい思いを持っていることを確かめ合う機会でもあります。

制限があっても、環境が整わなくてもできることがあります。もみじ・あざみのなかで何十年もの時間をかけて、助け合いとりくんできたからこそ、手紙がつながり、伝え合うことに有効な手段となっています。コロナは心配だけれども、閉じこもる暮らしをするのではなく、会えない人に思いを寄せ、今できる精いっぱいの時間を共に過ごしているみなさんの姿と、それを可能にする職員のがんばりに励まされました。

先ほどの手紙は、一つの封筒に4通もの手紙が入っていました。切手代を節約するためにいっしょに郵送しているのです。いつから始められたのか定かではありませんが、手紙がつまった封筒で送られてくる便りのかたちは、家族や知人へ季節の挨拶やお礼を送ることが多く、切手代もかかるためにと考えられたようです。

一人が手紙を書きだすと、周りにいる人も書きたくなります。その流れで、一つの封筒に何通もの手紙がつめられていきます。誰か一人が手紙を書き、それをまねることでつながりが増えていきます。一人のできることを周りにいるみんなが自分のものにしていきます。身近にいる他者をまねたり、まねられたりしてかかわることで、やってみたいと要求が生まれ、支え合うなかでわかること、できることが増え、暮らしを豊かにすることができます。手紙の例でわかるように、みんなで不安と不便を共有して乗り越えています。これまでどのような日々を送ってきたのかが、高齢期の暮らしを左右するのです。

もみじ・あざみのみなさんの手紙や日記、作品など、そして日々を支えている職員と元施設長の石原繁野さんの取り組みと言葉を通して、高齢になった一人ひとりの生きざまと発達的意味について考えていきます。

2　大人の仲間になりました

老いていく自分に戸惑うなつこさん

80歳になり、思い通りにできないことが増えてきた現状に戸惑う、なつこさんの話をしたいと思います。数年前に、散歩中に転び、脚を骨折しました。しばらく、車いすでの生活になりましたが、リハビリもがんばって、今は一人で歩いています。ただ、体のバランスを崩しやすく、一人で長時間歩いたり、段差を上り下りするのは、ケガにつながる可能性があります。そのため、2階にあった部屋から1階に部屋を変更することになりました。

これがなつこさんにとっては、大問題なのです。2階には、友だちのゆみこさんと妹のように世話をしてきたさとこさんがいるからです。骨折するまでは、2階のリビングで、その人たちと編み物をしたり、手紙を書いたりしながら、いつでもいっしょに時間を過ごしていましたが、それができにくくなるわけです。

なつこさんが二人に会いに行きたいときは、2階のリビングまで職員が付き添うことにしました。しかし、なつこさんは一人で動きたいのに、職員がさせてくれないと不満げに言います。ケガにつながる可能性を説明すれば、わかってくれるのですが、早く行きたい思いが強く、職員の付き添いを待つ時間が納得できません。老いていく自分の変化と、どう向き合っていくか、なつこさんは毎日悩んでいます。

がんばりの人

なつこさんが40代の頃に、当時あざみの織物工房と暮らしの場で指導していた石原繁野さんは次のように書いています。

「心も体も強い強い人になりたいことが彼女の願いです。彼女のむすび織をする指の動きには、だれもが目をうばわれます。工房の誇る日本一のむすび織名人です」

強い人になりたいと願っていたなつこさんは、10代後半で「あざみ寮」に入寮しますが、指先や身体全体の動きが弱々しい人だったようです。ひらがなの読み書きができ、家では刺繍（ししゅう）をやっていたそうで、ものづくりに熱心に取り組む姿は子どもの時からあったのだろうと思います。不器用ながらも大変がんばる人で、入寮後にむすび織をはじめてから今まで、生涯のしごととして取り組み続けてきました。

なつこさんのむすび織は色あざやかで、温もりが感じられる作品です。むすび織は、全身と指先に力を込めてやる作業ですが、不器用ななつこさんがどれだけの時間をかけてがんばってきたのかがわかります。できるようになる、上手になるためには、がんばる毎日の積み重ねが大切だとなつこさんは知っています。

石原さんが書いてくれた文章を読んで、なつこさんは大変喜び、お礼を言っていたそうで

す。そして、自分の喜寿を祝う会では、「私のむすび織は日本一です」と自己紹介していま
す。なつこさんがしごとに誇りをもっているのは、しごとの指導者からほめられたからではあ
りますが、ものづくりのしごとに出会い、何十年もの間、がんばってきた自分、成長した自分
を実感しているからなのでしょう。

80歳になった現在も、むすび織を続けています。体力に合わせて、しごとの時間は短くなっ
ていますが、なつこさんはもっとしごとがしたいそうです。なぜなら、なつこさんのむすび織
は「日本一」だからです。

人と支え合う暮らしの実感

いつも、なつこさんは、周りの友だちや職員をよく見て、手伝いを進んでやってくれていた
そうです。誰に対してもやさしく接するなつこさんは、一緒に暮らす人たちが仲良くしてほし
いと、よく言います。それは、人と支え合うことで励まされてきた暮らしの実感が根底にある
からです。

なつこさんが、特に大切に思っている人たちがいます。一人は、なつこさんが入寮してから
憧れを抱いていたちさこさんです。年齢も近いちさこさんは、暮らしのなかで全員が順番に担
当する様々な当番を決める役割をしていて、組み合わせを考えたり、均等に配分したりするこ
とができるほど、全体を見て、理解する力のある人でした。身体障害のあるちさこさんは、歳

を重ねるにつれ体を自由に動かすことがますますむずかしくなっていきました。体を動かせないことへの苛立ちもあったと思いますが、周りの人に怒りをぶつけては、部屋にこもってしまうことが何度もありました。そのちさこさんに、なつこさんは一生懸命に話しかけ、気持ちをほぐそうとがんばっていました。そのがんばりのおかげでちさこさんも、周りの人たちと穏やかにかかわることが増えていきます。

なつこさんがなぜ、怒りをぶつけるちさこさんに尽くしているのか、職員との話でなつこさんは、次のように答えています。

ちさこさんには、自分のことを「いつも相談している」のだそうです。なつこさんが、ちさこさんの苛立ちの理由をどこまで理解していたかはわかりませんが、怒りをぶつけてくる人としてではなく、物事をよく理解している人として見ていたこと、ちさこさんのためにできることを考えていたのだと思います。

もう一人、なつこさんには大切な友だちがいます。10歳年下のゆみこさんとの関係を、なつこさんは「やさしいから」友だちになったと話します。なつこさんはゆっくりではありますが、自分の思いや気持ちを相手にしっかり話し伝えようとしますし、会話を楽しみます。一方、ゆみこさんは自ら話すことを苦手とする姿がありました。そんな二人が友だちとなり、助け合い、学び合いながら、しごとと暮らしはもちろん、様々なクラブ活動にも意欲的に取り組んできました。苦手なところ、できないところを補い合い、意識せずとも励まし合える関係であるのだろうと感じます。

そしてなつこさんが姉のようにかかわっているのが、現在40代になったさとこさんです。さとこさんは、うまく言葉を話すことができません。なにをしたら良いかわからなくなったり、予定が変更されたり、あるいは、体調不良でも、不安定になって大きな声をあげて訴えます。入寮して間もない頃は、夜も落ち着かないことがよくあったそうです。なにをどう困っているのか、周りに伝わりにくいところがあり、石原さんは、そんなさとこさんの面倒をなつこさんに頼むことにします。なつこさんなら、さとこさんが安心できる関係づくりをしてくれると期待できたからです。

なつこさんはゆみこさんに助けられながら、20年以上、さとこさんとかかわっています。さとこさんの不安そうな姿には、なつこさんが「○○だから」と代弁します。共に暮らす日々のなかで、なつこさんは次の動きを伝えた後、さとこさんを見守りながら一緒に行動してきました。さとこさんが間違えることや不安定になることがあっても、否定や指摘の言葉をかけることはありません。いつもの穏やかな口調で「こっちだよ」と再度伝えるなつこさんの姿には、さとこさんの成長を実感し、期待するまなざしを感じます。なつこさんが骨折する前は、名前を呼ばれたさとこさんがなつこさんとゆみこさんの後ろを、落ち着いた表情でしごとに向かう姿がいつもの平日の風景でした。

「大人」になること

なつこさんは、相談できて、助けることができる憧れのちさこさん、信頼できる友だちであるゆみこさんがいて、慕ってくれるさとこさんとの関係のなかで、その大変さを感じながらも、人とのつながりから得られる喜びを誰よりも感じていると思います。ケガの心配があり1階の部屋で過ごすようになって思い悩んでいるなつこさんから石原さんに届いた手紙です。

「ゆみ子さんと　なかのようい（仲の良い）ともだちです。さと子さんが　はいてきたとき（入寮してきたとき）は　さと子さん　おおきなほさ（発作）がでたので　わたしと　ゆみ子さんが　みつけて　しよくいん（職員）に　ゆうい（言い）にいきました。さと子さん　おとなのなかまになりました。さと子さん　ゆみ子さんが　わたしをたすけてくれます。あざみにはいって　くらしになて（慣れ）ました。あざみのくらしに　なれてきました。わたしは　げんきです。　なつこ」（傍線、筆者）

残念ながら、ちさこさんは亡くなりましたが、ゆみこさんとさとこさんとの関係で励まされていることが書かれています。さとこさんが入寮した頃を思い出して、その成長を喜んでいることがよくわかります。なつこさんにとっては、一人でできるようになること、他人を助けるようになることが「大人」なのです。

できないことがあっても

毎年3月、もみじ・あざみでは、劇に取り組んできました。なつこさんは少し長い台詞が覚えにくくなりました。そこで、石原さんは、書かれた文を読み上げる場面を用意します。すると、次の年からは、なつこさんから読み上げるものを用意してほしいと頼まれるようになった

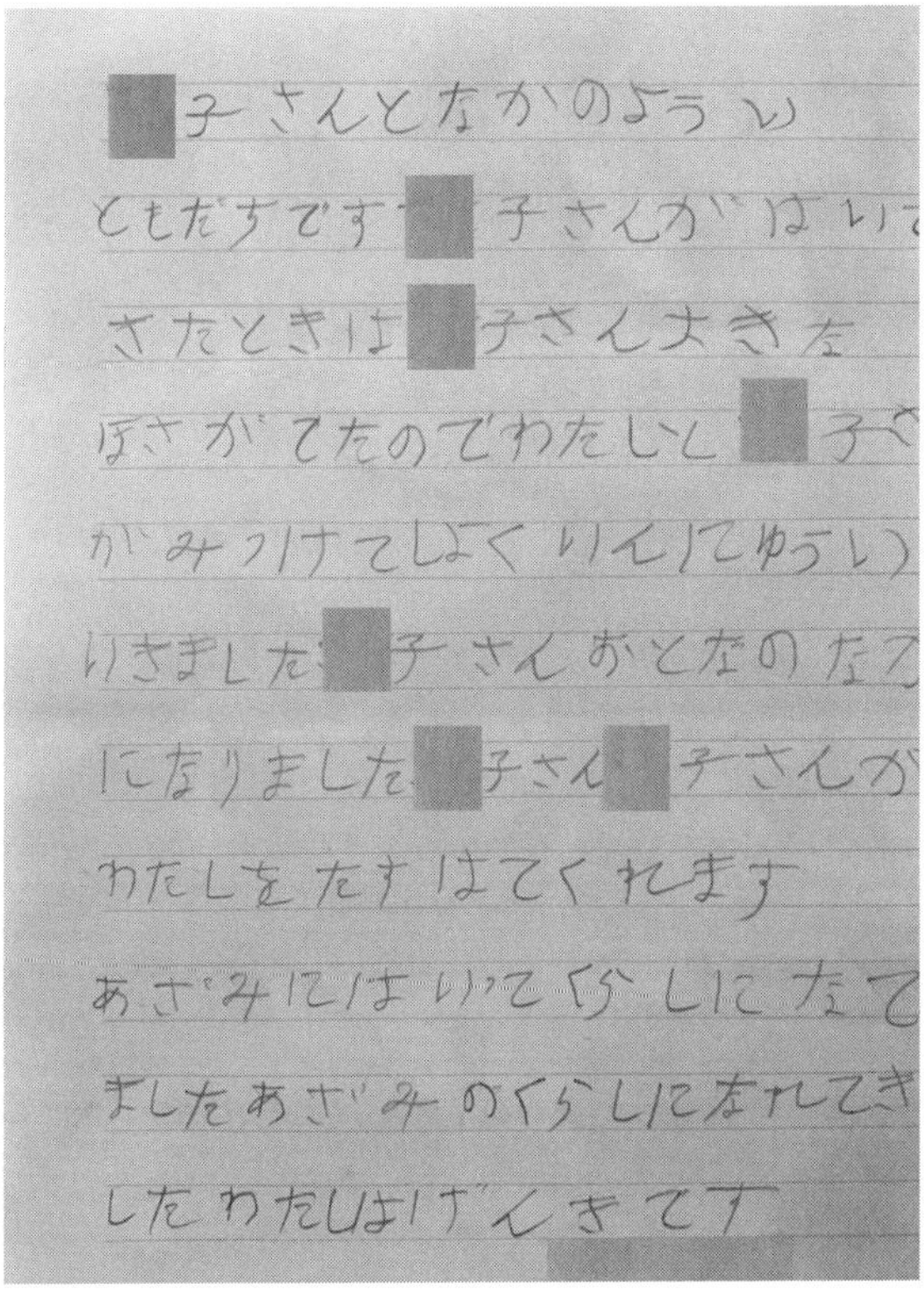
[redacted]子さんとなかのようい
ともだちです[redacted]子さんがはい
きたときは[redacted]子さん大きを
ぼさがてたのでわたしと[redacted]子さ
かみつけてしよくりんにゆうい
りきました[redacted]子さんおとなのな
になりました[redacted]子さん[redacted]子さんが
わたしをたすけてくれます
あざみにはいってくらしにな
ましたあざみのくらしになれてき
したわたしはげんきです

なつこさんからの手紙

といいます。

なつこさんは何十年もかけて、自分自身が「大人」になっている実感があるからこそ、さとこさんの成長にも喜びを感じるのでしょう。いま、できない自分に悩むなつこさんですが、ゆみこさんやさとこさんに支えられながら、80歳を過ぎた大人のあり方を悩み考えていくと思います。職員とは、さとこさんを大人に成長させたなつこさんの経験を、仲間と職員に語ってもらおうと話しています。

心身の衰えはありますが、それまでの生き方を尊重し、形式や進め方を変えて続けられる生の営みを支援することが求められています。

3　わたしも元気です

前節で登場したなつこさんは、老いてきた自分の状況とどう向き合うべきか悩んでいます。高齢期を迎え、暮らしのなかでむずかしいことが増えてきたとしても、なつこさん自身が自分の現状に対して時間をかけて受け止め、できることを考えられてこそ、高齢期の穏やかで豊かな日々をつくることができるのではないでしょうか。ケガの可能性や体力的な問題など、老いの現状を心配する周りが行動を控えることばかり求めるのではなく、なつこさんが自分の変化を理解して、向き合うことができる具体的な学びの機会が求められます。

なつこさんが見せる焦りや不満は、老いていく自分と向き合っていくために、大切な悩みであり表現です。友だちのゆみこさんや世話をしていたさとこさんをはじめ、共に暮らす人たちと共に学べば、自分の悩みと表現をとらえなおしていくはずです。そして、努力を重ね、周りにいる人のためにがんばってきたなつこさんの悩む姿そのものが、近くで見守る人たちにとって学びとなっています。次は、なつこさんの友だちであるゆみこさんの話からみていきます。

友だちの老いと自分

なつこさんが手紙の中で、「自分を助けてくれる」と書いていたゆみこさんは、若々しい70

歳です。県の施設対抗卓球大会で優勝したことがあるほど、健康的な印象が強く、いつも朗らかな笑顔を見せる人です。友だちからは、一緒に外出したい、相談したい人として、ゆみこさんの名前をあげる人が多いくらい、信頼される人でもあります。

なつこさんが一緒に過ごしている時に、不満を漏らしていても、ゆみこさんが何かを言い返したり、言い聞かせたりすることはありませんし、手元の作業を続けながら、穏やかにふんふんと聞いています。しばらくすると、なつこさんも落ち着いて手元の作業に集中していき、いつも一緒に手紙を書いたり、編み物をして過ごしています。

電話でゆみこさんに、ご自身の暮らしの様子やなつこさんのことを尋ねてみました。ゆみこさんは、昨年お母さんが亡くなったこと、そのため年賀状が出せなかったことを話し、施設内にあるお地蔵のところで祈っていると教えてくれました。そして、なつこさんについて、「私が一緒に散歩に行けたらいいんだけど、一緒に転んだら怖いから」と、職員と散歩していると話しました。骨折するまで、なつこさんはゆみこさんやさとこさんと散歩を楽しんでいました。一緒に散歩に行きたい想いをなつこさんはゆみこさんに話しています。友だちとして、なつこさんの想いに寄り添いたい想いを持ちながらも、もしものことを考えて自分にできること、できないことを考えようとしていることがわかります。職員からの説明もあってのことですが、自分の状況をとらえて、ゆみこさん自身が行動を選んでいます。なつこさんの想いを受け止めながら、ゆみこさんは老いによる変化や付き合い方を少しずつ学んでいるのだと感じます。

自分の想いと他者への想い

先ほどの電話から１ヵ月くらい経った頃、ゆみこさんから手紙が届きました。

「ちゃんさん　お元気ですか。わたしも元気です。こどもたちも　おおきくなりましたか。とうい（遠い）けれど　たくさん　おはなしを　したいと　おもいます。そちらのほうは　さくらの　おはなは　さきましたか。わたしの　おへやから　さくらの　おはなが　きれいに　さきましたので　いつも　みとれているのです。また　ゆくり（ゆっくり）と　りょうに　さたときに　おはなしを　しましょうね。ちゃんさんも　おうちで　ゆくり（ゆっくり）しているのですか。わたしは　おりものの　おしごとや　あみものや　とらんぷあそびも　やっています。しょくいんと　りょうせいさんも　お元気にして　くらしています。わたしは　ころなが　なくなったら　たくさん　おてがみを　かくようにします。おちぞうさん（お地蔵さん）の　ところで　おまいりを　しているのです。ぶらんこにも　のっています。それまで　お元気でね。（4月1日）さようなら　ゆみこ」

しごとに取り組み、余暇時間を楽しむゆみこさんの姿や、私が知りたがるだろうと思う職員や友だちのことまで、穏やかな日々を知らせています。近況を知らせる手紙ですが、相手の近況を尋ねつつ、自分の近況を具体的に書き伝えています。自分と相手の共通すること、異なることを考えて書くとともに、他者に思いをはせる、実に豊かな内容と書き方をしています。

この手紙になつこさんの話は書かれていませんが、なつこさんの手紙も同封されていたので、一緒に書いていたのでしょう。高齢になっていくゆみこさんは、手紙やなつこさんとのかかわり方でみられるように、他者とともに暮らすなかで他者の思いへの気づきを重ねているのです。そんなゆみこさんが周りから信頼されるのも納得ですが、はじめから人との関係で相手の思いを大切にし、表現することが得意だったわけではありません。

ゆみこさんの育ちと暮らし

ゆみこさんは、幼少期は体も弱く、不器用さがあり、3歳の時に自閉症と診断されています。6歳で、あざみ寮に入寮します。当時は養護学校義務制前であり、施設が学校教育の代替機能を担っていました。幼いゆみこさんは所属したクラスのなかで、「充分に遊ばせる。同時にそれを生活の枠づけのなかで工夫をする。指導の日課はあくまでも単純にして、そして身の回りの自立を念頭において、それを並行して主体的に活動ができるように、そしてそのことによって機能や感覚訓練が自分が自発的に学んだことから育っていくように、単に訓練だけを取り出してするのではなくして、遊びや運動、特に造形活動を基として」指導を受けていました。道具を使った外遊び、社会見学や様々な作業、自由あそびなどが友だち関係のなかで取り組まれています。そして、「記録」の時間が設けられ、自発的に体験や思いを振り返って綴ることを促されていました。

はじめの頃は、「ねばり強さが足りない」などとされていましたが、次第に自分で体をよく動かすようになり、他者に対して明るく親切な姿を見せるようになっていったといいます。自閉症と診断されていたゆみこさんですが、手応えのある暮らしと友だちとかかわることの楽しさをたっぷりと感じ、自ら他者とかかわる姿に変化していきます。

しごとでは、あざみ寮が移転した10代後半で、工房での織機を使った作業に取り組むことになります。織機は、足を交互に踏んで切りかえ、横糸を入れていく作業をしますが、入れた糸を均等にほどよい力加減で打ち込んでいかなければなりません。私がゆみこさんにはじめて出

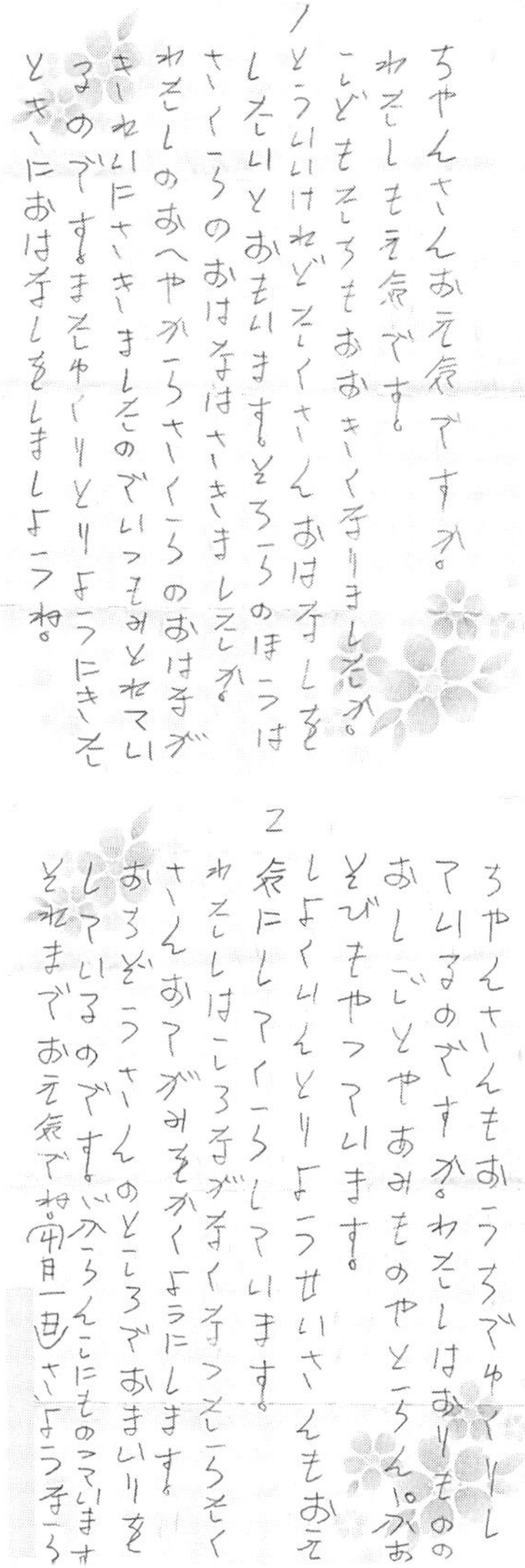
ちゃんさんお元気ですか。
わたしも元気です。
こどもたちもおおきくなりましたか。
ノとういけれどたくさんおはなしを
したいとおもいます。たろこうのほうは
さくころのおはなはさききましたか。
わたしのおへやからさくころのおはなが
きれいにさききましたのでいつもみとれてい
るのです。またしゃくりとりようにき、そ
とき、におはなしをしましょうね。

ちゃんさんもおこうろでゅーりし
ているのですか。わたしはおりものの
おしごとやあみものやとうろん。ぷあ
そびもやっています。
しょくいんとりようせいさんもお元
気にしていくらしています。
わたしはころろなくなってころそく
さんおてがみをかくようにします。
おろそうさんのところでおまいりを
しているのです。ぶつろんにものっていまず
それまでお元気で毎日一曲さようなら

ゆみこさんからの手紙

会ったとき、ゆみこさんの機で織られた作品は、ほどよい加減で織られた素敵なものでした。現在は、規則的に並べられた模様が入った作品を織り上げています。足を交互に動かし、リズムよく織機を動かすゆみこさんの姿はベテラン職人のようです。

暮らしのなかでは、もみじ・あざみで毎年おこなわれてきた劇で、一人で台詞を覚えて言うのが、はじめはむずかしかったそうですが、20歳頃には一人で台詞を言えるようになったといいます。ゆみこさんが40歳頃に演じた劇では、舞台の上で、自分の役を楽しんでキラキラと輝く笑顔を見せています。終わった後も、「(台詞が) むずかしかったけど、楽しかった」と話しています。そのほかでも、合唱や手話など、様々なクラブ活動になつこさんとともに参加してきました。劇やクラブ活動などで知り合った寮外の人たちとも友だちになり、何十年も手紙のやりとりを続けています。

ゆみこさんは長い時間をかけ、しごとと暮らしの様々な体験、人とのかかわりを通して発達してきた自分を実感しています。そして、これまでの出会いとつながりを大切に、これからも日々をていねいに生きていくと思います。

生きることと学び

健康的にみえるゆみこさんにも、加齢による変化があります。もみじ・あざみの3つある生活棟 (もみじ男子寮、もみじ女子寮、あざみ寮) のうち、最初に加齢が進み、全員女性であるあざみでは、10年前から軽い尿漏れから失禁への対応が問題となりました。ゆみこさんも不安を感じ始めていました。職員が専用のパッドを使用する対応を勧めますが、みなさんが受け入れることはむずかしかったようです。

もみじ・あざみでは、それまでに様々な学びの機会が用意され、一緒に学んだ友だちを通して、みんなに学びが活かされていった経験があります。そこで、みなさんの受診先である産婦人科医から、専門的な話を聞く勉強会を設けました。加齢によって尿漏れが起こりやすいこと、パッドを使用することで安心できることを学びました。聞いた全員が理解することはむずかしかったのですが、話を理解したなつこさんが使い始めると、周りにいたゆみこさんも次第にパッドを使いたいと希望するようになります。

さらに、ゆみこさんがパッドを使いたいと言ったのは、毎年のあざみ・もみじの劇に外部ボランティアで参加しているプロの演劇関係者がおこなう公演を観にいくために、滋賀から大阪まで電車での移動があった時です。友だちやボランティアの人たちと演じる劇の楽しさと、友だちとなった人たちの劇を観に行きたいという想いがあったからこそ、学びが暮らしのなかで活かされたのです。

4　老いてなお、自分にできることを

次に、身近な人の老いや死をとおして不安を抱きながらも、自分にできることを探し求め、悩み続けたかずえさんの生涯を振り返ります。66歳で亡くなるまで、かずえさんは他者と支え合うことを大切にし、大人としてしごとと暮らしの毎日に全力を注ぎました。

工房のマネージャー

かずえさんが大津のあざみ寮に10歳で入寮してから、しごとと暮らしの場でその成長と生き方をずっと見守り、指導してこられた石原繁野さんによれば、かずえさんは努力家、情熱家で、もみじ・あざみの織物工房一のアーティストであり、マネージャーなのだそうです。

私がはじめて出会った40代のかずえさんは、群れで泳ぐ水鳥や動物を生き生きとした姿で描き、毛糸のむすび織や染め物で、色鮮やかに作り上げていました。むすび織をしているとき、黙々と集中しているのに、工房を訪れるお客さんには、誰よりも早く気づいて出迎えてくれます。どこから来たか、誰の知り合いか、季節や天気など話を進め、ほかの人が会話に加わると、すっと自分のしごとに戻ります。自分のしごとをしながらも時間を確認して、休憩時間に合わせてみんなのコップを用意し、お湯を沸かしたり、お客さんにコーヒーを渡したりしま

す。しごとでも、染め物が乾くまでの時間に片付けをするといった具合ですから、立ちどまる時間がありません。かずえさんが立ちどまっているように見える時は、なにかの様子をじっと観察しているか、周りの話題に耳を傾けています。

暮らしの場で友だちや職員が取り組み始めたことには、いち早く気づいて参加して、好きなことに熱中していきます。合唱クラブや社会科学習、手話、習字、お点前など、もみじ・あざみで取り組まれたほとんどの活動に参加します。夕方以降は、日記や手紙を書き、大好きな歌手（元祖御三家の一人）のコンサートに向けて、歌を聴きながらプレゼントの千羽鶴をせっせと折ります。

しごとも、暮らしも全力で自分のものにして楽しみ、みんなのために自分の時間を割くかずえさんの姿からは、働く大人としての誇りと喜びが伝わってきます。友だちや職員をとおして興味関心のきっかけを得て自分のものにしていったかずえさんは、一人では得られない気づきと拡がりを実感していたのだと思います。

選択して、努力して努力して

かずえさんの充実した毎日は、たゆむことのない日々の努力でつくられています。小柄で心臓に重い疾患があったかずえさんですが、33歳の時に受けた心臓の大手術を乗り越えて健康な毎日を送ることができるようになります。その後の30代後半のかずえさんについて、石原さん

かずえさん。展覧会にて

は次のように紹介しています。

「文字はいつのまにか自分で覚えました。数も十までが五、六年前までは数えられなかったのに、今は三十まで数えます。足し算、引き算は彼女の生活に必要がないので覚えようとしませんし、彼女の力では少し無理です。どんなことでもこちらから一方的に教えようとしても、それはだめな人なのです。自分の必要だと思うことだけを選択して、努力して努力して覚えていきます。自分に無理なことには、けっして手を出しません。そしていつも職員のすることを見て、自分の生活に必要なものだけを真似していきます。いつもかずえちゃんの目はキラキラしています」

文字を覚えたのは、大好きな歌手の名前もきっかけの一つであったそうで、毎日、出演するテレビ番組を見つけるため、新聞のテレビ欄を丁寧に探していくことで、読める文字が増えていったといいます。数もむすび織に使う毛糸の本数を数えるため、文字を書くのも好きなこと、大切なことを書く手紙や日記をとおして覚えていったようです。

身近な人の老いと死

かずえさんが書く手紙や日記には、様々な想いや願いが溢れています。亡くなった後、ご家族より託されたかずえさんの日記には、老いと死が身近になった友だちや家族への想いが繰り返し書き記されています。

みんなで行く旅行が近づいていた、50代後半の日記です。

「ひとみちゃん（入院中）　ほんとうに　しんぱいをしていました。ことしの　りょこう　フーメンを　つくりましょう。2月27日（日）　おてんきよほうを　みていました。△△さん　人の　わるくち　いっていました。〇〇（入院中）さん　ほんとうに　しんぱいをしていました。〇〇さん　おとうさん　なくなりました。となりの　おへやに　はいらないように　しましょう。わたしは　ほんとうに　こわくなりました。みんなの　おちゃわんを　あらいました。〇〇ちゃん　ほんとうに　かわいそうです。わたしの　おかあさん　ほんとうに　しんぱいをしていました。あんじゅさま　ほんとうに　しんぱいをしていました。□□さん　人のわるくちを　いっていました。さえこさんの　おとうさん　しゃしんを　みていました。みんなの　おちゃわんを　ならべました。〇〇（亡くなった友だち）ちゃん　しゃしんを　みていました。〇〇（亡くなった仲間）さんの　しゃしんを　みていました。あるくの　れんしゅうをしてください」

共に暮らすみんなのために進んで手伝うかずえさんだからこそ、日記の中ではありますが、友だちの悪口や隣室に入る勝手な行動に注意を呼びかけています。かずえさんは30代後半の時に一度だけ、イライラをぶつけて周りを不安にさせる友だちに手紙で抗議しています。その友だちが使う織機の見える場所に、抗議文が貼られていたそうです。面食らった友だちは、しばらく大変静かになったといいます。もみじ・あざみのみんなが支え合いながら、穏やかに働き暮らすことを大切にしていたことがわかります。

一方で、友だちや家族に老いや死による変化が起こり、不安を抱いている様子が読み取れます。かずえさんが50代後半の頃は、友だちの老いと死、その家族の死が増えていった時期です。日記の中に、入院している友だち、お父さんが亡くなった友だちを案じていることが書かれています。お母さんや習字の先生である安寿さんの体調を心配し、亡くなったお父さんの写真を見ていた友だちの寂しさを感じ取っていることがわかります。かずえさん自身も亡くなった友だちの写真を見て、寂しさを感じていることが伝わってきます。病気になることや大切な人を亡くすことが、自分にも起こりうることとして意識していたのでしょう。

自分にできることを求めて

亡くなる2年ほど前からのかずえさんは、老いや死に強い不安を見せるようになります。以前から、たまに手がふるえることがありましたが、しごとや暮らしへの影響もなく、かずえさん自身が気にすることもありませんでした。徐々に体力的な衰えが目立つようになり、手のふるえが増えていき、自分の手を見つめながら、手がふるえると周りに訴えるようになります。箸やスプーンを持った手がふるえ、食事がとりづらくなり、ふるえる手を見ながら、「なんでかな」「ふるえるの」「食べられないの」と話します。しごとのむすび織も進まないことが度々見られるようになります。

さらに、怖い夢を見ていると悩むようになります。しばらくして、石原さんに相談したこと

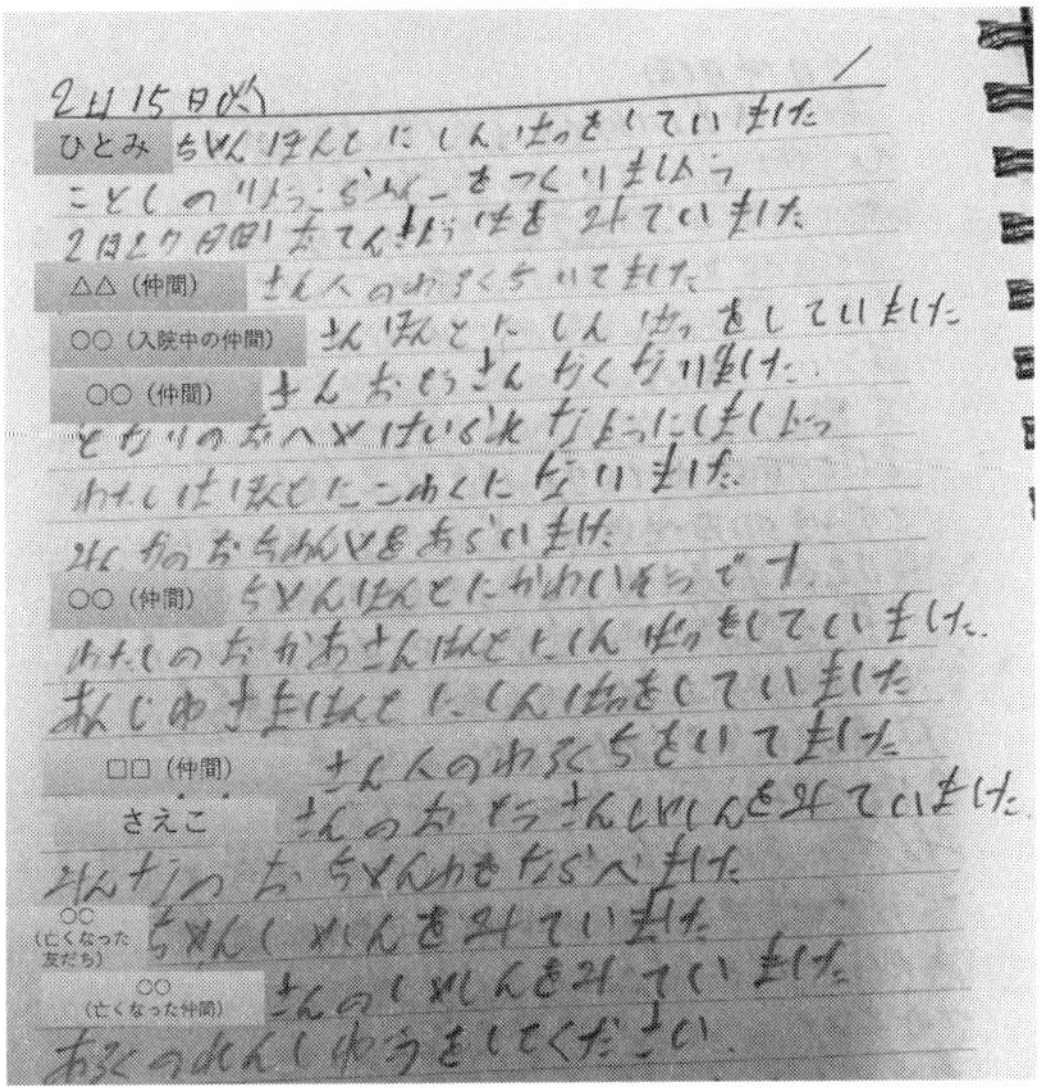

かずえさんの日記

を話してくれました。

「石原先生言ってた。（先生も）怖い夢が多いって言ってた。お父さんの夢かな。きっと亡くなったし、怖い夢かな。それで、怖い夢見たかな。お父さん死んで3年。5月。22（日）か。このころ、私、なんか夜になると怖い夢見たり、泣きそうになる。夜になると、泣きそうになる。かなわん。怖いし。これ、もう、今はどうもないけど、時々、お父さんが出てくる。やっぱり、手、全然ちがうでしょう。手がしびれる感じ。私、一人で寂しくなるわ。夜になると、時々なる」

石原さんから、怖い夢を見ないようお願いの手紙を書いてみるように勧められたことを教えてくれました。その手紙を枕元に置いて寝るようにしたと、安心した表情で話しました。手紙には、「かみさま　こわいゆめを　みないように　おねがいします」と書かれていました。枕元に置いた手紙がどれくらいの効力を持ったかはわかりません。ですが、死への不安と向き合うために自分でできることを探し求めたかずえさんの想いと、かずえさんができることを共に考えた石原さんの提案から、老いや死の不安への慰めだけではなく、本人のできることを共に考えることが大切であると教えられます。

かずえさんは、自分のためにも他者のためにも、できることを自分で考え、行動する人でした。だからこそ、身近な人の老いや死に対する寂しさは深いものだったのでしょう。そして、老いていく自分の変化と死への恐怖と向き合うための方法を求めて、自分でできることを考えようとして、周りに助けを求めていたのだと思います。

ふるえる手で、むすび織が進まなかったある日のことです。もみじ・あざみに新しく入寮した仲間が工房でむすび織の体験をすることになりました。むすび織の先輩として、かずえさんに教えるようにお願いしました。直前まで手のふるえや不安を語っていたかずえさんが、穏やかにやさしく言葉をかけながら結び方を教え、それまで激しくふるえていた手は、しっかりとむすび織の機と次に使う材料を持っていたのです。体調の変化もあり、むすび織を若手に教え

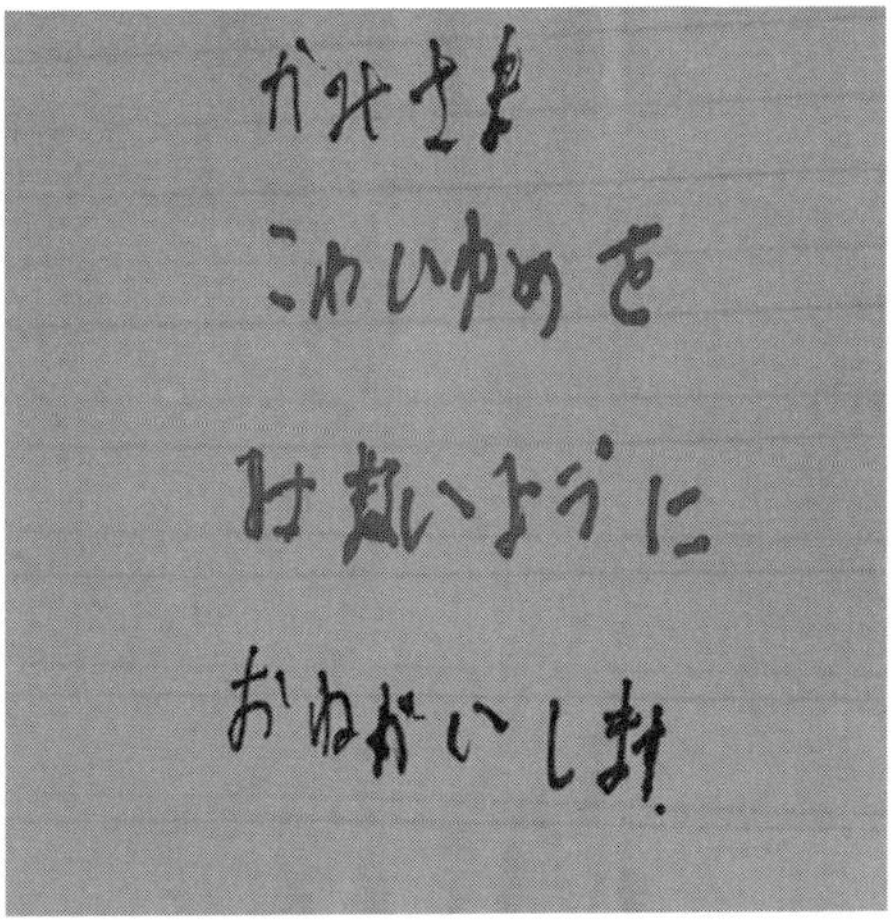

枕元に置いた手紙

るしごとを続けることはできませんでしたが、かずえさんをしごとと暮らしの達人として、その技と心得を受け継ぐことができていたらと悔やんでいます。もしも、かずえさんの体調を守ることができていれば、どのように自分にできることを探し求めて悩み、努力を重ねていたのだろうと想像しながら、共に考える姿勢の大切さについて考えています。

参考文献

石原繁野『あざみ織』サンブライト出版、1984年
田中昌人「障害者の発達保障の今日的課題と展望」『自立と人格発達』人間発達研究所編、全国障害者問題研究会出版部、1990年

第3章　歳を重ねて花開くしごと

1　みんなとしてると楽しい

まちこさんのしごと

もみじ・あざみ最高齢のまちこさんに登場していただきます。現在、90代前半ですが、身の回りのことはなんでも一人でできますし、散歩などもゆったりとした足取りで、若い人たちと同じ距離を歩くことができます。なつこさんのように周りでケガをした人もいるので、職員がまちこさんを注意して見守っていますが、バランスを崩すことなく安定した歩き方をしているそうです。これまで、大きな病気をすることもほとんどなく、年齢からは考えられないほど若々しいまちこさんです。

私がはじめてまちこさんに出会ったときは、還暦の前でした。黙々と織物の機に向かっていて、周りから手伝いを求められると物静かに手を差し伸べる姿がありました。ほかの時間では、ちがうしごと場に所属しているあさこさんと一緒に行動していました。現在も、あさこさんと共に行動し、ゆったりと落ち着いた物腰のまちこさんの姿は、変わっていません。

20代だったまちこさんは、あざみ寮の開設当時からメンバーとなり、織物を生涯のしごととしています。あざみ寮で織物がスタートした時のまちこさんに関する記録に、「織物科のどの仕事にも興味がある」と書かれています。織物ができあがるまでの過程すべてに興味を持っていたようです。

織物にかかわる工程にはいくつもの作業が含まれます。糸を作るところからはじめ、織機で作品を織るまでの準備過程や織る途中、そして織った後にテーブルを飾るセンターピースなどの作品に仕立てあげる過程など、たくさんの人が参加して役割を担わなければなりません。どの作業も欠けてはならないものとして、むずかしい作業かどうかではなく、みんなで協力して作品をつくりあげています。

もみじ・あざみの織物は単なる生産品としてではなく、仲間と協力し合って作り、すべての作業を通して育ち合い、一人ひとりの成長を喜び合える実践として取り組んでこられました。完成した作品は、「織機で織った○○さんが作ったもの」だと話しますが、みんなのなかには、どの作業を誰が担当しているか、どの作業があって作品に仕上げることができるかがきちんと意識されています。

まちこさんは織物作業に参加しはじめてから、糸紡ぎなどを担当しました。その後、あざみ寮が石部に移転し織物工房がつくられてからは、機織りをはじめています。まちこさん、40代でのことです。現在も、週3回は工房の仕事に参加し、織機に向かっています。90歳になった年には、3色の大きな格子柄のセンターピースを約10メートル織っていると職員が記録しています。また、「本人の意向により、メガネ柄から平織りへ変更。お祝い会の内祝いにする」とも書かれています。

長年、織物作業を指導してきた石原繁野さんは、まちこさんが90歳を超えた今も織物の技術が上達してきていると話します。織物のしごとについて、まちこさんに尋ねた際、「月・水・金、仕事に行ってるけど、（もっと）行きたいけど、自分で。みんなは仕事はできるけど、織物楽しい。みんなとしてると楽しい」と話しています。

まちこさんにとって、織物は大好きなしごとなのです。そして、仲間と一緒にやっているからこそ、楽しいと感じていることがわかります。

一緒に暮らす

みんなとしているのが楽しいと話すまちこさんですが、若いときのまちこさんは、他者と一緒に暮らし、しごとに取り組むことを楽しんでいるのだろうかと心配されていたようです。入寮当初から自分のことはなんでもでき、暮らしの流れや求められていることなどを理解する力のある人だったそうですが、自ら言葉を発することが少なく、周りにいる仲間とのかかわりがほとんどなかったといいます。

入寮前から、てんかん発作を起こすことがあったようですが、発作の程度が重くなり、発作が起こるかもしれないことを不安に感じている様子も見られていたそうです。何度も起こる発作に対応しながら、まちこさんが自ら要求を出し、仲間関係を広げていくにはどうすれば良いかが検討されていきます。

あざみ寮が石部に移転した後、石原さんはまちこさんともう一人に同室のあさこさんの世話を頼んだといいます。もみじ・あざみが改築で二人部屋になったとき、あさこさんに誰と同室が良いかを尋ねたところ、まちこさんが良いと希望しています。現在も、二人は同室で穏やかに過ごしています。

ここで、あさこさんについて少し紹介します。自閉症の傾向が強いあさこさんは、自分の領域と思う範囲が守られないことや慣れない人に強い不安を感じる姿があります。そのため、暮らす場のホールやしごと場などでも、自分が歩く道上の物や人を荒々しいやり方で押し出します。よく知らない人に少しふれられただけでも、相手を強く払いのけることがあります。たまにしか行かない私があさこさんを手伝おうとすると、今でも「おまえは、知らん奴や」と断られます。

まちこさんの織機。いつものしごと場

そんなあさこさんが、まちこさんに全幅の信頼を寄せているのです。しごと場はちがいますが、なにか必要があるときはあさこさんがまちこさんを頼ります。まちこさんと一緒に行動している時、あさこさんが周りに荒々しく反応することは見られません。

以前、まちこさんに聞き取りをした際、あさこさんについて尋ねてみました。まちこさんは、「私がいないと」あさこさんが困るのだと答えています。ですが、あさこさんの世話をはじめてから今まで、世話をしていることや頼られていることをまちこさんが周りに自慢することは一度もなかったそうです。

発作の回数が減っていった50代頃のまちこさんについて、石原さんは次のように書いています。

「50歳も後半になり、ますます充実した毎日です。中年になって花開いたとでもいうのでしょうか。人間的なやさしさと温かさが生まれ、みんなから親われています。工房のたよりになるお姉さんです」

若い頃のまちこさんは、おそらく他者と仲良く暮らさなければならないと思っていたことでしょう。しかし、自分からそうしたいと願っていたかはわかりません。集団生活を経験し、仲間とともに協力していくなかで、楽しいと思えるしごとに出会い、自分を頼ってくれる友だちとの関係をとおして、他者と共に暮らすことの意味に気づいているのだと思います。中年期になってから花開き、若い頃のような話せない静かさではなく、周りを見守ることができる穏やかさがまちこさんから感じられます。そして90歳を超えてからもなお、穏やかな輝きを増しているのです。

歳を取れば疲れるけど

90歳になったまちこさんが暮らす棟で、みんなが意見を出し合う機会をもったときです。職員の報告書には、次のように書かれていました。

「長年共に暮らしてきた友だちのことだけではなく、若い世代のみなさんのこともよく観察し見守ってくれている。みんなで意見を発表する際、「若い人たちもあざみで暮らす仲間なのだから、できないことやわからないことも一緒に勉強していきましょう。みんなで暮らしていると良いことも嫌なこともあります。細かいことでいちいち騒がないで、お互いに気をつけて仲良く穏やかに暮らしましょうよ」ときっぱりと発言している。まさに年長者としての言葉の重みを感じた出来事であった」

暮らしを長年つくりあげてきたみなさんから、新しく入寮した人たちの行動ややり方への不満の声があったことに対するまちこさんの発言です。長い年月をかけて、自分のしごとと暮らしを築き上げ、仲間関係において信頼し合える実感

まちこさんが織っている作品はセンターピースになる予定。藍色を基調に色とりどりの糸で織られている。

が伝わってきます。

この原稿を書きながら、まちこさんに電話をかけて近況を聞きました。歳を取ったから、疲れやすいんだと答えていましたが、それでも散歩は行っているそうです。疲れませんかと尋ねると、「疲れたら、休みながらする」のだそうです。あさこさんについて尋ねると、ただ「一緒にいるよ」と答えます。世話をする、される関係を超え、共に暮らす関係となっていると感じます。

最後に、何かやりたいことはありますかの質問に、「(職員の)○○さんに言って、ほかのものも織りたいなと思う」と、尽きないしごとへの思いを教えてくれました。

2　生涯のしごと

前節で紹介したまちこさんは、数年前まで余暇時間に刺し子をして過ごしていましたが、最近はしなくなったといいます。気持ちの伝わる手紙を書くまちこさんですが、手紙も書きたがらないそうです。その一方で、しごとである織物に対しては、90代になった今でも新しいものに挑戦したい思いを語っています。余暇時間や手紙に見せる変化ばかりに注目すれば、しなくなった、できなくなったばかりの姿にみえますが、しごとへの意欲から考えると、しごとに力を注ぐために自ら調整しようとしているように思えます。会話のなかでも、散歩で疲れたら、自分で休むと答えているまちこさんですから、体力の衰えを実感しながら、大好きな織物を続けるにはどうすれば良いか考えているのでしょう。

「自分で考えました」

さて、自分のしごとが大好きで、「糸絵」と名づけられた刺繍作家として活躍してきた80代のとみさんの話をしたいと思います。これまで登場したなつこさん、ゆみこさん、まちこさんたちは、文字で気持ちや考えを綴りますが、とみさんは文字を書くことがむずかしいようです。自分の名前なら、ひらがなで書いて、笑顔で読み上げてくれます。遠くに離れて暮らす家族への手紙は、職員がとみさんと話しながら書いた文字を、とみさんが上からなぞります。大好きな鳥や魚など、動物の絵を描き加えることもよくあります。

私がもみじ・あざみに通い始めた頃に出会ったとみさんは、いつも工房の入り口に近い椅子に座って、刺繍に集中していて、話しかけられると「こんにちは。お元気ですか？」と朗らかで美しい声で話してくれました。刺繍の下絵について、誰が考えたものかと尋ねたところ、「自分で考えました」と誇らしげに話し、下絵の「鳥が好きです」と教えてくれたのが印象的でした。

とみさんは、自分で描いた下絵をチェーンステッチという刺繍ですき間なく埋めていきます。刺繍をはじめてから30年近く、一日中、続けていても、楽しくて仕方がないといった感じで熱中してきました。しごと時間が終わっても、刺繍をしていることもよくありました。一針一針を並べていく集中力に驚かされます。表現されるものは、丸や四角、大好きな鳥や魚、チューリップ、ときには太陽も登場します。途中から下絵とはちがうものになっていくこともありますが、完成した作品は、刺繍が大好き、動物が大好きというとみさんの思いで溢れているように感じます。

50歳で花開く

とみさんは関東の方から、当時のあざみ寮に10代後半で入寮しました。体も弱く、歩くことはできるものの、階段を這って昇り降りしていたそうです。体づくりをしながら、仲間とともにしごとと暮らしに取り組んでいくなかで、とみさんは穏やかに、行動する大人へと成長していきます。幼少の頃から、とみさんはお母さんが手芸品を作っている姿によく接して育ったといいます。入寮後の帰省のたびに、手芸用の糸や針を家から持ってきては、袋のようなものを作っていました。

ものづくりに興味を持っていたのもあって、入寮後は工房に所属して、織物やむすび織の全工程で必要な作業に仲間とともに参加し、むすび織を覚えていきました。それから何十年もむすび織を続けることになりますが、工房でみなさんを指導していた石原繁野さんは、むすび織をするとみさんの姿に、「何かがしっくりこない」感覚を抱いていたそうです。

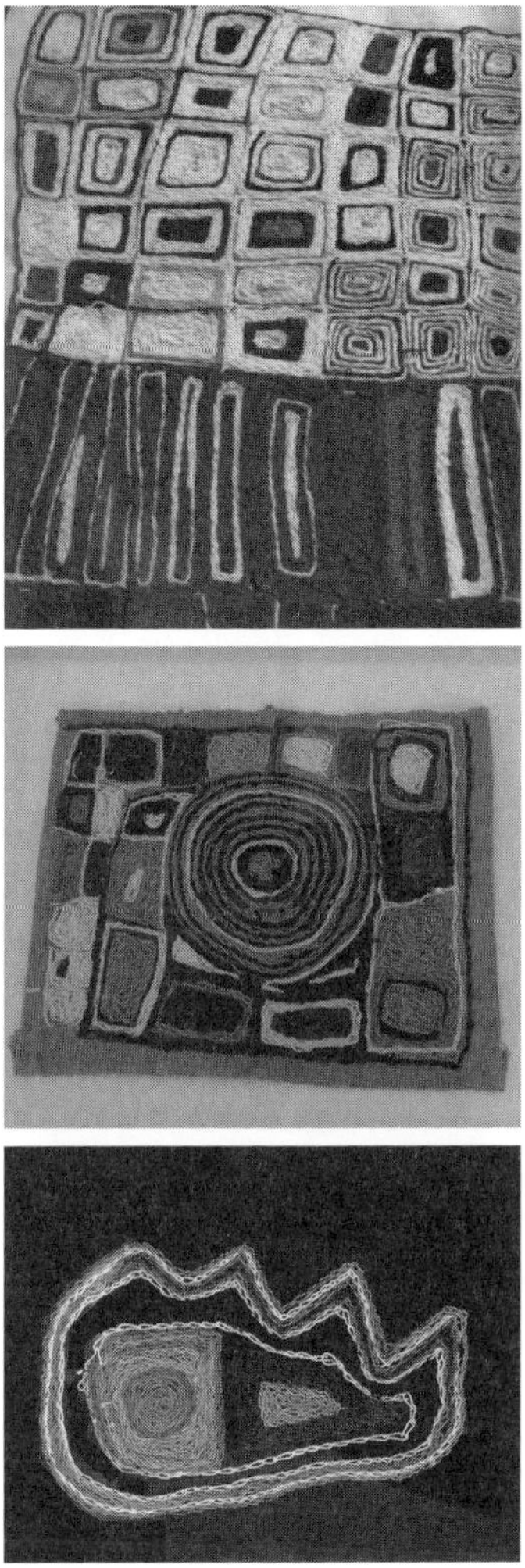

とみさんの「糸絵」。
白、群青色、藍色…穏やかな色合い

もの静かにむすび織の作品を作り、完成したものに笑顔を見せるとみさんでしたが、とみさん自身がやりたいと思うしごととなっているか、判断しづらかったようです。

そんなある日です。とみさんが50歳になろうとしていた頃です。当時の様子を石原さんは、雑誌のインタビューで次のように語っています。

「「ある日、休みの日に自分で縫った袋の端に、毛糸でちょこっと丸や四角の不思議な模様を刺していたのです。わぁ、刺繍ができるんだ。これからは刺繍をやったらどうかとすすめたのが最初でした。」自己主張が控えめで、もの静かな人だからか、それまでとみさん独自の世界を表現するすべを見出せなかったと、いくぶん悔いの残る口調で石原さんは語る」

とみさんは家から持ってきた布や糸で作っていた袋のようなものに、自分でできる刺繍をするようになっていたのです。

ここから、とみさんは工房の仲間が織った木綿布に下絵を描き、織機で使う藍染の糸を使って刺繍を始めます。はじめはランニングステッチからはじまり、次第にチェーンステッチですき間なく下絵を埋めていくようになっていきます。熱中していくとみさんが、思う存分に自分の世界を表現できるように、刺繍の糸を太い藍染のものに変更し、とみさんが刺繍の進み方に手応えを感じ、力強い表現になるようにしたといいます。

とみさん独自の表現があふれる刺繍は、こうして60代から70代へと続いていきました。

高齢期を前にして、好きだと思える自分の表現を可能にし、高齢期を刺繍作家として活躍してきました。80代になった現在も、刺繍を続けたい想いが話す言葉から感じられます。

できるしごと、やりたいしごと

先ほどの雑誌に、とみさんもインタビューを受けて、刺繍について答えています。

「針を持つのが好きです。結び織りより、刺繍のほうがおもしろいです」

むすび織が嫌だと感じていたわけではありませんが、とみさんが針と糸を使った表現に強く想いを寄せていたことがわかります。

とみさんは幼少の頃から、お母さんが作る手芸品を自分でも作ってみたいと憧れを抱いていたことでしょう。また、工房の織物でも、仲間の織ったものが、ショルダーバックやきんちゃく袋などの様々な日用品に仕立てられていくのを見てきました。しかし、自己主張をしないとみさんは、憧れる気持ちを言葉にすることはなかったようです。

とみさんの想いを読み取ろうとする指導者の視点がなければ、刺繍作家として活躍することはなかったかもしれません。とみさんはむすび織ができますし、嫌だと拒否することもありませんでした。いつも作っていた袋のようなものに刺繍がされていても、自由な時間に好きなことをしているだけと受け止められていたとしても不思議ではありません。

とみさんのしごとへの熱中ぶりや作品から、しごととは自らやりたいと想うこと、自分で感じる手応えがあってこそ、衰えが訪れても続けたい自分のしごととなることを教えられます。

できるけれども、本人にとってやりたいしごととなっているか、常に考えていく必要があるのです。

これまで職員も関係をつくることがむずかしく、人を拒んでいるように感じる不安定な仲間がとみさんを支えにしてきました。穏やかに話し、好きなものづくりに熱中するとみさんの傍なら落ち着き、暮らしを送ることができました。いつでも、好きなものづくりと刺繍に熱中しているとみさんの姿が、周りを包み込む安心感を与えていたのだと感じます。

「刺繍しましょ」

以前から、とみさんは眼科と内科関連の疾患が複数あり、治療と日常での注意を必要としてきました。視力も低下して、眼鏡が必要になっています。すき間なく下絵を埋めていく刺繍は、目の疲労も大きく、余暇時間にも刺繍を続けていたとみさんの姿は見られなくなりました。昨年は、入院による治療が必要な時もあり、刺繍をするために工房に行くことも減っていますが、今は数時間だけ工房で刺繍をする日課を送っています。

最近になって、食事を嫌がることがあって、寝込んでしまうこともあるそうです。10年以上前から、刺繍に熱中する姿勢の疲れをほぐすために受けはじめ、とみさん自身が「気持ちいいです」と話していたマッサージも嫌がることがあるそうです。

それでも少し体調が回復すると、朝から「刺繍しましょ」と話すことがあって、工房に行くと「鳥にしましょ」と刺繍を始めるそうです。眼科疾患のため、これまでに使っていた濃い藍の布では糸が見えにくくなったといいます。以前のように集中することはむずかしく、刺繍よりも周りの仲間や景色を眺める時間が長くなっていますが、見えやすい色の布と糸に変更し、刺繍をしたいとみさんの想いを大切に、続けられる工夫をしたいと職員は話しています。

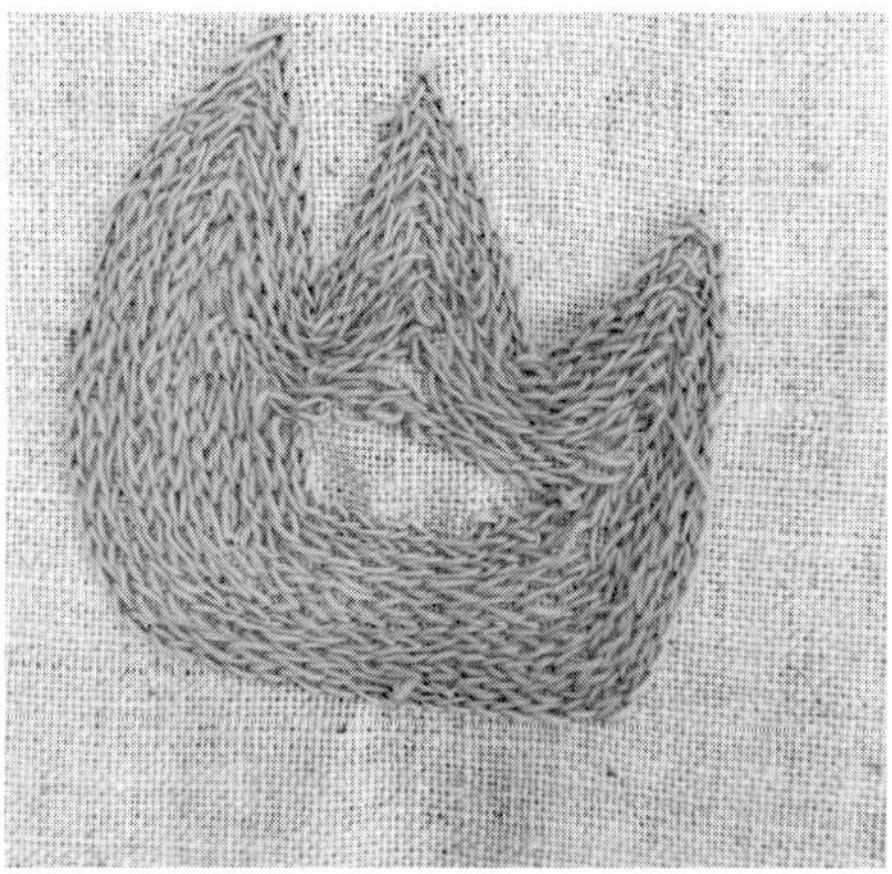

2021年の作品。
白の布地にあざやかな黄色い糸で縫われている。

3 自分らしい表現で他者とつながる

想いの表現には、障害や発達によるちがいもありますが、当然ながら相手との関係性や距離もかかわってきますし、自分らしい表現ができる場が保障されることも重要だと考えられます。大津市にあったあざみ寮が現在の石部町に移転した際、同じ敷地内に開設されたもみじ寮に、近江学園から20代で入寮したはしおさんをとおして考えてみます。

はしおさんは、入寮当時から変わらず農耕科（後に、農耕班）でしごとをがんばり、60代後半で血液の疾患で亡くなるまで、自信と誇りを持つはしおさんらしい表現と活動をとおして自ら他者と、つながり続けた人です。はしおさんが余暇時間に描いていた絵、もみじ・あざみの劇活動への参加、農耕班のしごとから考えます。

「絵、きれいやで！」

はしおさんの気持ちの表現は、時に否定的になることもあり、身近にいればいるほど受け止めがたいと感じることがあったようです。職員いわく、「口が悪い」のだそうです。

私がはじめて出会った時、40代のはしおさんは、もみじ・あざみのなかで一番背が高く、遠くからこちらをじっと見つめていました。どうかかわるか、はしおさんなりに距離やタイミングを考えているようでした。近づいてきたはしおさんは、「絵描いてる！」「きれいやで！」と自慢げに話します。しばらくしてから、部屋から持ってきた絵をすーっと渡してくれたはしおさんは、描かれたのが「人形」や「車」で、きれいな色を使っていることを教えてくれました。それから、農耕班のみんなで乗って出かけたバスや祭りの提灯、手をつないだたくさんの友だちなどが描かれた絵の話はもちろん、しごとでがんばった話をしてくれるようになりますが、口の悪い姿を見ることはありませんでした。それは、身近な職員、頼れる好きな相手にしか見せない姿なのです。

はしおさんとかかわってきた生活棟の職員は、元気な頃のはしおさんから怒られ続けていたそうです。その職員が実習生として、もみじ・あざみに来ていた時、はしおさんはとてもやさしく「どこから来たん？」「僕のお母さん、美人やで」「絵やるからな」と声を掛けてくれていたといいます。ところが、職員となって、決まりごとを求めたり、まちがいを注意したりしていくと、「きらいや」「あっちいけ！」「アホや」「頭くるくるパーや」などとはしおさんが怒り、時には周りの友だちまでが「○○さん（職員）が、はしおくんを怒らせた」と、はしおさんの味方をしていたそうです。その職員もつい「きらいで結構です」と返しては、穏やかに応じられない自分を反省する日々を送っていたと振り返ります。

60歳を過ぎた頃に疾患が見つかり、頻繁に通院するようになると、主治医に渡すための絵を毎回準備していたといいます。病状が悪化し、継続的な輸血とその量が増えていくにつれ、体

農耕班のみんなとバスに乗って

力が低下していったはしおさんですが、痛みが和らげばいつでも絵を描いていたそうです。徐々に、一人で歩くだけでひどく疲れるようになり、職員の介助が増えていきます。その頃のはしおさんは、介助をする職員に「堪忍」「○○さん（職員）ありがとう」「○○さん、大好きや」「また、絵描いたるからな」と感謝の言葉を伝えるようになります。

その姿に、職員ははしおさんが弱気になったために発した言葉だと考えたそうですが、長い間、身近でサポートしてくれた職員に対して、意地を張らず素直に感謝を述べるようになったはしおさんの姿だったのだと感じます。元気な頃のはしおさんが、身近にいる職員に対して自分の想いを表現できていたことは、否定的な表現ではありますが、はしおさんが職員を共に暮らす存在として認めていたからでしょう。そして、はしおさんが描く絵は、好きなものを表現するだけではなく、他者への信愛と感謝を示すための手段でもあったと考えられます。体験したことを絵のなかに表現しながら、それを渡す相手を考えるはしおさんの時間は、充実したものであったにちがいありません。

自分らしい表現――劇活動

もう一つ、はしおさんの表現を豊かにした活動が、もみじ・あざみの劇活動です。

大津市のあざみ寮時代にクリスマス会などで発表会のようなものはあったそうですが、１９６９年の石部町への移転後、暮らしの場が３つの棟に分かれたことから、各寮が毎年３月のひな祭りの時期に劇を発表したことが始まりだったと聞きます。さらに、毎年の劇を発展させ、１９７９年の創立記念に、全員で一つの劇に取り組んだのが「ロビンフッド寮生劇」と呼ばれる劇活動です。この活動には、映画「夜明け前の子どもたち」撮影時から、大津のあざみ寮に通っていた演出家の秋浜悟史さんをはじめ、たくさんの専門家がかかわってきました。

当初、生活棟の発表会として劇活動が始められた時、はしおさんには決められた台詞を言う役が準備されていたそうです。しかし、はしおさんは言わされる台詞を拒み、劇に出ることもいやがったため、台詞のない、ずっと眠るだけの役が与えられたといいます。はじめてのことが苦手だったこと、そしてはしおさんにとって、要求されるばかりの劇は、楽しいものではなかったのです。

そのはしおさんが、第一回の「ロビンフッド寮生劇」から、自信をつけ、劇活動を楽しむようになります。脚本を手掛けた演出家の秋浜さんは、もみじ・あざみのみなさんに対して、やりたい役などを聞き取り、稽古をスタートさせてからも、「台詞にこだわらないで下さい。寮生の言葉にどんどん変えて下さい。言葉なんか言えなくってていいのです。楽しかったと寮生が言える劇にしましょう」と繰り返し、職員に伝えました。ロビンフッドの物語がベースにありますが、みなさんが暮らしのなかでみせる姿と言葉が劇を織りなし、まったく異なるもみじ・あざみの劇がつくられていったのです。

はしおさんは、ロビンフッドを助けるリトルジョンの役となって、台詞もはしおさんが普段から話している言葉や動きを取り入れたものに変更され、生き生きと劇に参加していたそうです。第一回の劇が終わってから、はしおさんは自分の絵を、舞台で共演した関係者にプレゼントするようになったといいます。共に舞台に立ったあざみのかずえさんが自分で描いた絵を劇の共演者にプレゼントする姿に気づいたのがきっかけのようですが、それからのはしおさんは様々な人に絵をプレゼントするようになります。はじめの絵は、人の顔だけが描かれていますが、徐々に体が描かれ、乗り物や友だちなどが描かれる楽しい絵になっていきます。

貧血でつらいはずの60代の頃の劇でも、画家の役を「僕、絵描き！」と楽しそうに演じています。はしおさんにとって、演じる役も台詞も、いつもの自分を誇らしく感じられる、自分らしい表現でなければならないのです。

「〇〇、がんばってたで」

もみじ・あざみのみなさんや職員の誰もが、はしおさんのしごとへの誇りとがんばりを認めていますが、大人としてしごとをがんばる自分をはしおさんが認めるようになるまでは順調ではありませんでした。近江学園での10代前半には、「がんこでちょっとした緊張で全身こうちょくする。すべてに自信なし」と記録されています。もみじ入寮後の20代で所属した農耕班での鍬（くわ）やシャベルを使った作業では、バランスを崩しやすく、本人も腹を立てることがよくあったそうです。

そのため、働く大人として、しごとと暮らしがつながり、みんなのなかで役割を担っていることを、はしおさんが明確に感じ取れるように職員は模索していったといいます。食堂から出る残飯を堆肥とするため、農耕班の農場まで一輪車で運ぶ役割を与えられます。朝と夕方の2回、炊事と農場の職員のどちらからも指導を受け、働くはしおさんへ評価がていねいにおこなわれる日々を送っていきます。バランスを崩しやすかった作業も、やり方を調整しながら、徐々に自信を持てるようになり、農耕班の収穫作業や堆肥の運びなど、得意な作業ができ、腹を立てていた鍬やシャベルを使った作業や草引きなど、農耕班の作業全体をこなせるようになっていきます。

はしおさんは、「僕、農耕班やで」と誇らしげに話し、収穫をした日は、なにがどんなにたくさん採れたか、自分がどんなにがんばったかを、笑顔で職員や仲間に教えていました。さら

人形が楽しそうにしている

に、農耕班で働く仲間や共に暮らす仲間にも励ましのまなざしを向けます。農耕班の作業終わりでは、「○○（仲間）、がんばってたで」とみんなの前で評価し、暮らす棟に帰ってからも、何度も自分と仲間のがんばりを周りに伝えていたそうです。入寮して間もない若い仲間に対しては、しごとをがんばるように叱ることもあったようですが、長い時間をかけて、時に腹を立てながらもがんばってきた自分のしごとへの実感と誇りを物語る姿でもあります。

亡くなる数年前、病状が進行していくはしおさんの状態を心配した農耕班の職員から、生活棟の職員へ相談があり、体力的に負担が少ない所属への変更が検討されました。はしおさんに所属の変更を尋ねると、「僕、農耕班やで！」と強く返されたそうです。職員は農耕班であるはしおさんの誇りを大切にしたいと確認し合い、農耕班が室内

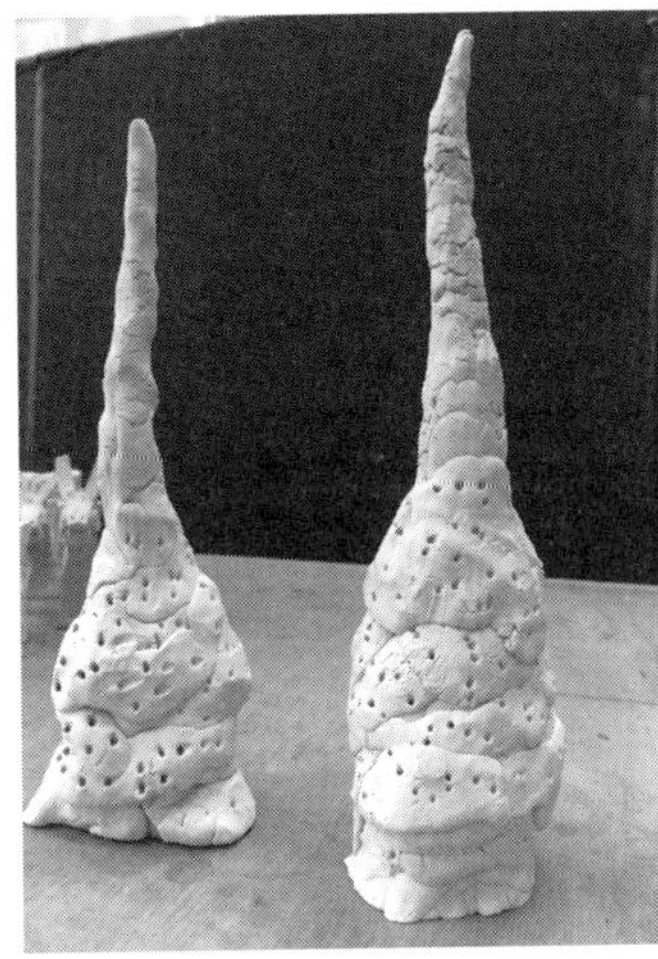
粘土作品「人形」

作業や休憩をする小屋で絵を描くようにしました。はしおさんのペースで進められる粘土のやきもの班にも週1回通い、作った作品は「人形」だと職員に教えてくれたといいます。そして、体調によって通う頻度や時間が減っていきますが、農耕班では穏やかな表情で絵を描くことを楽しみ、病状の悪化で入院するまで続けられました。

農耕班の作業ではない「絵」を描いて農耕班の所属であり続けたことは、はしおさんにとって、その場所が大人として働くなかで得た自信と抱いた誇りを確かめる場所であることを教えてくれます。

参考文献
石原繁野『あざみ織』サンブライト出版、1984年
「藍が奏でる糸絵」季刊『銀花』第128号、文化出版局、2001年
田中昌人「自我の拡大から充実へ向かう人たち」『労働と人格発達』人間発達研究所編、全国障害者問題研究会出版部、1989年

第4章　老いと死に向き合う

1　一人じゃない、みんな同じ——死を学ぶ

これまで、もみじ・あざみで歳を重ねてきた6人を紹介してきました。高齢期といっても、一人ひとりその迎え方にはちがいがあります。体力的なちがいやケガの経験、疾患の有無などのちがいもありますし、好きなしごとに出会った時期もちがいます。共通するのは、続けたい好きなしごとがあること、友だちと支え合いながら、様々な変化とどう付き合うか悩んでいることです。

その変化の一つに、身近な人との死別体験があります。高齢になっていくみなさんにとって、身近な人の死は、やがて自分自身の死につながっていきます。

死について学ぶ

今から20年以上前ですが、もみじ・あざみの3つに分かれた生活棟のうち、あざみ棟はもみじ棟に比べて平均年齢が高く、身近な人や仲間の老いと死が課題となりつつありました。みなさんのなかには、久しぶりに帰省した実家で、認知症が進んだ母親から、「どちらさまですか？」と言われてショックを受けて戻ってきた人がいたり、家族が亡くなる人も徐々に増え、いっしょに暮らす仲間までが病気で亡くなる経験をしていました。

身近な人の老いと死をどう受け止めればよいか、それぞれが戸惑いや悲しみ、寂しさをしごと場や暮らしの場で友だちや職員との会話で少しずつ言葉にするようになっていきます。その姿から、織物工房とあざみ棟の暮らしを指導助言し、みなさんの悩みを学びの機会にしてきた石原繁野さんは、学びを重ねたいと考えます。毎月の食事会や夏のキャンプを利用して、あざみ棟の全員で様々な角度から老いと死について学びました。

その学びの一つとして、奈良国立博物館資料室長をしていた西山厚さんの死に関する話が、西山さんの著書『仏教発見！』（講談社現代新書）に紹介されています。知的障害のある人たちに向けて死について話してほしいと依頼され、大変悩まれた西山さんは、お釈迦さまの話とハートの形の風船を使って、亡くなった人が生きている私たちの心の中にいて私たちを見守っていること、自分が死んだ後には、また会えると話されました。死ぬのは怖くないというメッセージを込めてお話しされたそうです。

話を聞いた数日後、あざみ棟の7人が、西山さんにお礼の手紙を送りました。第3章で紹介したまちこさんは参加者中の最高齢で、当時70代でした。まちこさんの手紙には、次のように書かれていたそうです。

「おしゃかさまは　いつも　かんがへて　おられました。みんなが　しあわせになれるように　たのしく　くらせるようにと。わたしが　しんだら　いちばん　だいすきな　おかあさんが　きてくださいますね。しぬのは　まだまだ　こわいけど、おかあさんに　あへるのが　たのしみです」

自分の想いをあまり言葉にしないまちこさんは、身近な人の老いや死にとまどう友だちが話している時も会話に参加していませんでしたが、死ぬのを怖いと感じていたことがわかります。そして、学びを通して、死が怖くないと思えるようになったわけではないけれども、亡くなったお母さんに見守られていると考えるようになったことが表現されています。

学ぶ意味——「生き方」としての社会科学習

あざみ棟で取り組まれた老いと死に関する学びは、それまでにおこなわれてきた学習会の流れの中にあります。その一つが１９８０年代にはじめられた「社会科学習」です。10年間の取り組みがまとめられた本のなかに、社会科学習に込めた石原さんの願いが書かれています。その一部を紹介します。

「みんなは町役場も県庁もどんな役割をもっているのか知らず、もちろん国会についてもわかりません。社会の仕組みからの学習が必要だと思いましたが、勉強ごっこであってはいけない、みんなにとって「生き方」としての社会科学習が必要なのです。勉強したい、学びたいという声を、文化を求める生き方として、大きく受け止めて暮らしのなかで育てていきたいと思ったのです」

１９８０年代は世界的に障害者の権利と平等が求められた時期でもありましたが、もみじ・

あざみではみなさんが大人として主体的に生きていくために必要な学びが重ねられました。

社会科学習では選挙権や憲法の話まで、みなさんが興味関心を持つ身近な話を通して勉強しました。そこには、権利のみの主張や障害を理由にした否定はありません。コツコツと学び、みんなで気づきや想いを出し合いながら進められました。学んだことは、理解できるようになった人を中心に、しごとや暮らしの場で共有され、自分の言葉となり語る姿が日常の風景になっていました。

たとえ、悩みがあったとしても、学びのある日常が一人ひとりの悩みを学びの手がかりにしてくれます。今は理解できなかったとしても、友だちの姿を見ながら、あるいは友だちの言葉に励まされながら、いつか自分のことととして不安な気持ちと向き合う力になっていくと考え、そうあってほしい願いが込められています。

追悼会——暮らしのなかの行事や儀式の意味

死と向き合っていくための気づきや学びの経験は、学習会だけでなく、暮らしの中で営まれる季節の伝統行事や儀式などにもみられています。あざみ寮が石部に移転してから、老衰や病気でみなさんの家族や職員、関係者が亡くなることがあり、葬儀への参列や墓参りに職員が付き添っていました。病気で亡くなった仲間の葬儀を、家族が希望し、施設内でおこなうこともありました。家族との死別が増え、仲間が亡くなるようになったことで、全員が参加する追悼会が1999年から毎年、お彼岸の頃におこなわれています。

当時の施設長で、僧籍をもっていた故三浦了さんが追悼会でお経を読み、もみじ・あざみのみなさんに、亡くなった家族や友だちの話、追悼会の意味、お経の意味などを話されていました。三浦さんの語り口は、みなさんにわかりやすい表現で、穏やかで安心感を与えるものでした。そんな姿に憧れ、三浦さんといっしょにお経を読みたいと希望する人たちがいて、地蔵盆や追悼会で活動する「お経クラブ」までが誕生しています。追悼会には、友だちや職員と共に、ときには家族も参加して、みなさんが死と穏やかに向き合う時間となっていました。生前の三浦さんは、職員に対して葬儀や追悼会などが生き残った人にとって、亡くなった大切な人にきちんと別れを伝え、前を向いて生きていくためにあるものだと話しておられたそうです。

追悼会そのものが死について学ぶ機会でもあります。追悼会で大切な人の写真を飾り、お経に合わせて祈りを捧げている間、みなさんはなつかしさと安心感を抱いているのではないでしょうか。その時間を通して、自分が死んでも家族や友だちが自分を思い出して祈りを捧げてくれることを知っていくのでしょう。現在も続けられている追悼会には、もみじ・あざみの亡くなった友だちや関係者の写真が飾られ、それぞれが亡くなった家族の写真を持ってきて参加します。年々、飾る写真と持ち寄る写真が増えています。

みんながくつろぐホールには、亡くなった友だちの写真が飾られています。部屋にも、ベッド横の棚に写真が飾られていて、そのなかには、亡くなった大切な人の写真もあります。亡くなったお母さんの写真を飾っている人は、「毎日、お祈りしていたら、お母さんが帰ってくる。面倒もみないといけない」と、お水やお花を供えていることを教えてくれます。

一人じゃない、みんな同じ

なつこさんやゆみこさんは、友だちの身近な人が亡くなると、「あと、お父さんが生きているのは、5人だけ」などと話します。なつこさんが「私も」とお父さんが亡くなっていると友

居室の棚に飾られた家族の写真と花
（顔は画像処理させていただきました）

三浦先生が導師をつとめる四十九日の会

だちに伝えれば、いっしょにいたゆみこさんが「私も」と話し、二人が亡くなった人は「心の中にいる。見守ってくれる」ことを伝えています。その友だちが言葉で想いを表現できない人なら、気持ちを代弁するような言葉をかけてくれます。なつこさんやゆみこさんだけではありません。他人の痛みを自分の痛みから想像し、自分が学んだことから、向き合い方を伝えようとしているのです。

身近な人の死について、とまどいや悲しみを感じるのは、人によって程度やタイミング、表現の仕方もちがいます。しかし、学びの会や追悼会のように暮らしのなかで、老いや死に向き合う経験を共有していくことで、今ではないけれども、後々に学んだことが理解されていくこともあれば、自分の大切な人が亡くなった経験から、追悼会に参加する想いが変化すると考えられます。また、理解している人が周りの人に共感を示すことで、大切な人の死に直面した自身の戸惑いや悲しみの理由をわかっていない人でも、なんとなく感じる戸惑いと向き合えるようになっていくと考えられます。

ホールに飾られた亡くなった仲間の写真

居室の棚に飾った写真たち

友だちといっしょだからこそ、追悼会や大切な人の写真を前に祈る姿、言葉からは、祈りが宗教的な意味を持つというより、共に暮らす仲間と前を向いて歩こうとしていることを自分自身に言い聞かせる、そんな願いや意志の表れを感じています。

2　としえさんの「絵日記」——伝えたい想い

もみじ・あざみのみなさんは友だちと共に学習会や追悼会などを通して、暮らしの中で死にかかわる学びと気づきを重ねてきました。また、言葉や手紙で自分の想いを表現するなつこさん、ゆみこさんが、想いを言葉で表現できない友だちに対して、共感する言葉をかけていきます。その友だちが大切な人の死に対してみせる姿にかかわらず、共感の言葉を伝え続けています。それは、共に学び生き、他者と支え合って生きることの意味と、その大切さをなつこさんとゆみこさんが感じているからなのでしょう。

ここでは、２年前に大好きなお父さんが亡くなられ、なつこさんやゆみこさんをはじめ、たくさんの友だちから、折にふれ共感の言葉をかけられてきたとしえさんの変化について考えます。

「はな、かう!」

60代後半となったとしえさんは、自ら言葉を発して要求を出すことがほとんどありませんでした。職員や友だちが話しかけた言葉をそのまま繰り返すこともありますが、嫌なことには「うふふ」と笑いながら答えません。大好きなことについて尋ねられれば、ニコニコしながら尋ねられた単語で答えることが多いです。大好きなことは、家族や友だち、むすび織、絵を描くことですが、なかでも大好きなお父さんについて尋ねられると、「おとうさん、くる!」と二語文で話し、答えを確かめながら期待する姿がありました。

その大好きなお父さんが亡くなられ、葬儀にもきちんと出席し、もみじ・あざみに戻ってからは、自分の部屋にお父さんの写真を飾っています。職員や友だちがいっしょに花を供え、手を合わせてきたそうです。

はじめの頃は、職員が供える花を買いに行こうと、としえさんを誘っていたそうですが、最近では少し離れた場所にいる職員が別の話題で「花」という言葉を口にすると、「はな、かう!」「はな、かう!」と自分から職員に迫って要求するようになったといいます。きっかけとなる言葉は必要ですが、20年近く、としえさんとかかわってきた職員も驚く姿であったようです。

お父さんが亡くなったことについて、としえさんがどのように感じているか、受け止めているかはわかりませんが、会えない大好きなお父さんに花を供えたい想いがしっかりとした要求につながっています。毎年の追悼会や友だちが花を供える姿、言葉がとしえさんのなかで、意味を持ちはじめていると考えられます。

としえさんの「はな、かう！」にみる要求の表出には、お父さんが亡くなった時期の少し前からはじめられた実践の積み重ねがかかわっていますが、高齢になるまでのとしえさんについて少し振り返った後、その実践を紹介します。

「岩」のようになるとしえさん

としえさんは、幼い頃に当時のあざみ寮に入寮し、素敵なむすび織の作品を作り続けています。30歳頃のとしえさんについて、むすび織を指導してきた石原繁野さんは、次のように書いています。

「無口でいつもニコニコのとしえちゃんは、絵を描くことが大好きです。描きながら、いっぱいお話が生まれます。彼女の描く力強い鬼の絵をむすび織にしてみました。赤、青、黄色、ピンクにむらさきと、色とりどりの鬼が生まれます。本当の鬼は恐ろしく、節分の夜は苦手です」

鬼をモチーフにしたとしえさんのむすび織の作品は、模様の確認と色の切り替えをする際、職員の確認が必要ではありますが、なにを織っているか尋ねられるとニコニコの笑顔になって「おに！」と教えてくれます。絵の中やむすび織の鬼は楽しく好きですが、目の前に現れた節分の鬼には、どう対応すればよいかわからなくなるようです。

もみじ・あざみに通い始めた私は、職員から当時30代であったとしえさんが時々「岩」になると教えられました。節分の鬼に遭遇したときのように、としえさん自身がどうすればよいかわからず困ったとき、「岩」のように動きが固まるという意味です。この状態になれば、どのような説明でも次に進むことができず、好きな話題で安心させ、その場を離れるしかなかったそうです。ある時は職員数人でとしえさんを運び出さなければならないこともあったようですが、わからないことに不安を強く感じていたためだと考えられます。

そんなとしえさんが歯科治療を受けなければならなくなった時です。激しく抵抗することはありませんが、診察台に座れても、まったく口を開けなかったのです。どんな説明の仕方も効果がなく、診察台で「岩」になっていたのです。

それから、としえさんが歯科治療を受けられるようにと、友だちの歯科診察に付き添う日々が始まります。誰かが歯科に行くときは、必ずとしえさんがいっしょに行きました。何年もか

としえさんのむすび織。力強い黒鬼

けて、友だちが診察を受ける様子を繰り返し見て、診察台で口を開けて治療を受けられるようになったといいます。

はじめてのことや予定変更、時間の調整など、まだまだむずかしいこともありますが、友だちと共に参加すれば、立ち止まることはありません。しごとや暮らしの場で、としえさんから友だちにかかわっていく姿はありませんが、友だちを支えにしていることがわかります。誰といっしょにしたいか尋ねれば、いつも声をかけてくれる「ゆみこちゃん！」など、友だちの名前を答えます。

描いて伝える「絵日記」

大津市にあざみ寮が開設された当時から、「記録」の時間が設けられ、自発的に体験や想いをふり返って綴ることを促す取り組みが続けられてきました。その取り組みの積み重ねを、これまでに紹介したなつこさん、ゆみこさん、まちこさんのひらがなで書かれた手紙から読み取ることができます。

また、毎日をふりかえる「記録」として、日記も続けられています。一人で文字を使って体験や想いを振り返り、日記を書ける人には、職員がコメントを書いて返しています。ひらがなを書こうとする人には、職員が共に一日の振り返りをし、職員が書いた文字をなぞっています。日記が一日の振り返りを促し、職員とのコミュニケーションの機会になっているのです。

としえさんの絵日記。真ん中に描かれた線は、夕焼け空の赤色と青色。
友だちと職員も描かれている。

絵を描くことが好きなとしえさんですが、文字を書くことはむずかしく、ひらがなで名前の二文字なら書くことができます。名前を書くように求められると、その二文字を書いてニコニコの表情を見せてくれますが、それ以上はなかなか進まず、なぞることにも興味を示しませんでした。

そんなとしえさんには大好きな絵を使って、職員と会話しながら取り組む絵日記をはじめましたが、職員側の事情で継続できないまま時間が過ぎました。

数年前、高齢になるとしえさんが想いを表現できるように、あらためて絵日記に取り組むことになります。もう一つ、それまでもとしえさんから引き出した言葉を職員が書き、としえさんが絵を描いた手紙を送っていたので、友だちの家族や旧職員などにも手紙を送るようにして、としえさんの想いと言葉を引き出す機会を意識的につくっていきました。

としえさんの絵日記に取り組んでいる職員は、徐々にとしえさんからの発信が増えてきたと話します。空に浮かぶ月に気づいたとしえさんから「つき、でたな！」と伝えてくれることもあって、夕方になればクレヨンを持って「え、かこな」と言っては、座って待つようになったといいます。絵を描くことで動物図鑑などにも興味を示すようになり、としえさんがコミュニケーションを楽しみ、好きなことの世界をゆっくりと広げていることがわかります。

友だちのために

絵日記と同時に、デザート作りにも取り組んでいます。友だちに支えられてきたとしえさんですが、友だちのためにとしえさんができることをつくっていきたい職員の願いが背景にありました。デザート作りでは友だちや職員から感謝と次への期待が込められた言葉が、何度もとしえさんにかけられているそうです。その言葉に、としえさんは「うふふ」と笑って、職員に対して自分から「また、つくろな！」と弾んだ声で話してくれたといいます。

コロナ禍での制約を強いられた時期、としえさんと職員が作るデザートのゼリーがみなさんの気持ちを明るくさせるものであったそうです。ゼリーを作っていると、友だちが参加して一緒に作ることがあったり、回を重ねるごとに手順を覚えてきたとしえさんの動きも早くなり、自分から材料を取り出したり、積極的に動いてくれるようになったといいます。としえさんから「ゼリー、つくろな」と求めてくることもあって、完成したゼリーを「おとうさん、よろこぶ?」と職員に尋ねながら、お父さんの写真に供えているそうです。

デザート作りは、絵日記にも描かれています。日記には、様々な意味と働きがあると思いますが、絵日記は、職員とともに一日を振り返ることで意識化し、としえさんに想いが伝わった実感と伝えたい想いを抱かせているのです。としえさんの絵日記から、「かく」ことが伝えたい相手に、伝えたい想いを綴る手段であること、「書く」だけでなく、「描く」ことで他者とつながることができ、暮らしのなかにある伝えたい活動の大切さをあらためて確認しました。

そして、暮らしの中で友だちとつながる実践が重ねられれば、大切な人との死別もネガティブな側面ばかりでなく、発達の契機となりうることを、高齢になったとしえさんの姿が教えてくれます。最近は、としえさんの絵日記と絵手紙を、70代の友だちが手伝いながら描くことがあるそうです。デザート作りを含めて、としえさんの成長を友だちが喜び、言葉にしてとしえさんに伝えているようです。

3　伝えられない想い

前節で紹介したとしえさんは、大切な人との死別経験を友だちや職員に支えられながら過ごし、高齢期となった今なお、ゆっくりと発達しています。支えられた経験の積み重ねが、としえさんを次は支える人へと育てていくでしょう。そして、としえさんの姿は周りの人たちにとっても、支え合うことの大切さを確かめさせていると感じています。

これまで、もみじ・あざみで暮らしているみなさんが、学習会や追悼会などを経験し、友だちと共感し合う姿について紹介してきました。しかし、何十年も共に暮らし、同じように経験をしていても、大切な人の死と向き合うむずかしさは一人ひとりがちがいますし、その想いを表現してはいけないと感じている人や、すぐに表現できない人がいます。

様々な想い

もみじ・あざみにかかわり始めてから、少しずつですが、みなさんの想いを聞き取り、発達の視点から職員と共にかかわり方について考えてきました。そのなかで、もみじ・あざみで暮らすみなさんの高齢化が進んだ2000年頃から、老いや死に関する個別の聞き取りと支援を模索してきました。始めたきっかけは、老人性精神疾患の発症や、認知症になった親の変化に戸惑う姿がみられるようになったためです。そして、もみじ・あざみ全体でみなさんの加齢による心身の変化が進み、様々な医療機関の定期通院と薬の管理が増えていく当時の状況も背景にありました。

聞き取りを始めるにあたり、保護者会では、みなさんが身近な人の老いや死に不安を感じている現状と、心理的なサポートをしていきたい目的を説明しました。保護者会の終了後は、話をたくさん聞いて安心させてほしいという保護者もおられれば、気づかないままにしてほしいと話す保護者もおられ、悲しい想いをさせたくない願いは共通するものの、とらえ方のちがいをあらためて感じました。

個別におこなった聞き取りの結果は、3つの生活棟のうち、特に高齢化が進んでいたあざみ寮での老いや死に関する学習会につながっていますが、聞き取りで想いを語ることができたのは十数名と、もみじ・あざみで暮らすみなさんの2割にも至っていませんでした。語ることができなかった人たちの想いをどのようにサポートしていくか模索しながら、老いや死に関する話題だけでなく、様々な想いを語ることができるように、散歩時や休憩時間、作業中など、日常のなかで話を聞き続けるように意識しました。時間をかけてかかわるなかで、個別の聞き取りでは語らなかった多くの人が、表現できない不安を感じていることをひさしさんやのりえさんから教えられました。

ひさしさんの想い

もみじ・あざみの3つの生活棟のうち、もみじの男子棟で暮らしていた40代のひさしさんは、誰に対しても否定の言葉を使うことがない、陽気なおじさんといった印象でした。常に、職員には相手が誰であろうと「元気?」「男前やな!」と褒め言葉をかけ、簡単な会話を楽しむ姿もあって、朝夕は施設前を通る地域の子どもたちに手を振って「おはよう!」「お帰り!」と見送る人でした。

洗濯班でシーツのプレスなどに携わるしごとはほどほどにこなし、誰とでも同じ場所で活動することができ、視覚障害のある友だちや歩くことがむずかしくなった友だちに手を差し伸べる姿がありました。ただ、自分の想いを周りに伝えることがなく、友だち関係が広がらないことが気がかりでした。50代となり年齢を重ね、時々ふさぎ込むような姿や苛立ちが見られるようになりますが、話しかけられるといつもの言葉を返していました。

そんなひさしさんが60歳の頃に、お兄さんが亡くなります。ひさしさんの保護者として、いつも帰省の送迎に来られるお兄さんです。葬儀に参列して帰寮した数日後に、主治医の面接がありました。近況を尋ねられたひさしさんは、しばらく黙り込んだ後、突然立ち上がり椅子を激しく倒しながら「兄さん、死なはった!」と叫んだそうです。あまりにも興奮した様子で、面接を終了するしかなかったといいます。

その1週間後に、私はひさしさんを個別の聞き取りに誘いますが、「いい!」と強く拒否します。ひさしさんの様子を見ながら待っていた1ヵ月後、朝の散歩を一緒に歩いていた時に、お兄さんの話ではなく、何年も前に亡くなったお母さんについて、自ら話し出しました。

ひさしさんの話（散歩時）

カアサン死んだし、悲しいわ。

——悲しい？

泣きたいわ。

——泣きたい。

止めてくれない？

——泣くのをですか？

うん。

——泣きたい時は泣いていいですよ。

あかん。

——泣いてもいいんですよ。

昨日は少し泣いた。

——今でも泣いていいですよ。

いいわ。（指で涙を拭っている）

――悲しい時は泣きますよ。
お母さんに会いたい。
――会いたいですね。いま、どこにいるんでしょう？
天国。
――天国で何してはるかな？
泣いてはるわ。
――なんで泣いているかな？
知らん。
――きっとひさしさんが泣いているから泣いているんじゃないですか？
悲しいわ。
――お母さんもひさしさんをちゃんと見てくれてますよ。
会いたいわ。
――会いたいですね。
しんどいわ。
――悲しいのがですか？
…
――散歩がですか？

うん。

短い言葉ではありますが、亡くなった母に「会いたい」と話し、一人で泣いているけれども、「(泣くのを) 止めてくれない?」と求めます。ひさしさんは話しながら、涙を流していますが、泣くことはいけないこととして、亡き母に会いたい想いを持ちつつも、悲しみや寂しさを隠そうとしていたと考えられます。暮らしの場でも泣いている姿が見られていますが、誰かに想いを伝えることはなかったそうです。お母さんを亡くした悲しみを他人に語らなかったひさしさんにとって、お兄さんとの死別は、抑えきれないほど大きな不安と喪失感であったのでしょう。誰かが、ひさしさんに感情を表してはいけないと強要したわけではないでしょうが、否定的な感情を出さないように自分を抑えてきたのかもしれません。

それから、ひさしさんは内臓疾患もかかわり、徐々にしごとに行けなくなります。自分から動くことができなくなってからの数年間、拒否の言葉ばかりを叫ぶ時期が続きました。ひさしさんの言葉を受け止めていた職員は、それまで飲み込んでいたひさしさんの想いが溢れ出していると感じたそうです。60代後半になり、言葉をあまり発しなくなりますが、ひさしさんは穏やかな日々を過ごして亡くなりました。

あの散歩でのひさしさんの想いや悩みに応えられたのだろうか、もっと早くから想いに気づき、表現できるようにサポートできなかったのだろうか、想いを出し合える仲間関係づくりはできなかったのだろうかと、今も悔やまれます。

のりえさんの想い

女子棟で暮らすのりえさんは、個別の聞き取りをおこなった際に、なにも語りませんでした。そののりえさんが70歳の頃、高齢のお母さんが入院され、職員とお見舞いにいきます。この時、お母さんは意識が戻らない状態で、残された時間が少ないことを付き添った職員が感じるほどだったそうです。のりえさんはお見舞い中も特に変わった話をすることもなく、もみじ・あざみに戻ってからも変わらず、お母さんの話をすることがなかったため、職員は、のりえさんがお母さんの病状をどこまで理解しているか、不安に感じているかなど、判断ができなかったといいます。

ところが、その数日後、しごとの休憩時間中にのりえさんの近くで、他の人と話していた私に、突然、「お母さん、死なへんな?」と聞いてこられます。近くでの会話は、病気や死など、お母さんを連想させる内容ではなく、のりえさんがお見舞いからずっと、お母さんの姿を思い浮かべながら不安を抱いていたことに気づかされた瞬間でした。

このような姿は、お母さんが亡くなった後にも見られています。近くにいる人たちと会話しながら、のりえさんの傍にいた時、「お母さん、亡くなった。○○（弟）と二人だけや」と教えてくれました。お母さんが亡くなり、弟さんと二人だけになったことについて寂しさを感じていることが伝わります。普段からのりえさんは想いを言葉で表現することができますが、それを伝えるまでに時間がかかりますし、相手が近くにいなければ伝えることができませんでした。大切な人を失う不安や寂しさは、言葉で表現し、他者に伝えることを、さらにむずかしくするのです。

洗濯班のしごと

今、80歳になるのりえさんが暮らしている女子棟のホールやしごと場である洗濯班には、決まった場所にのりえさんの椅子が置かれています。のりえさんが座った位置からは、友だちや職員の出入りと動きを見渡すことができます。周りの動きをよく見ていて、「○○するんか?」などと確認することもよくあります。

のりえさんは60代後半頃から、勘違いや目の前にいる人を突然叩くことがみられるようになり、70代後半から血管性認知症の疑いがあると言われています。人を突然叩いたことについて、のりえさんに尋ねたことがあります。長い沈黙の後に話してくれたのは、周りの友だちと同じように「○○したい!」「行けるかな?」という想いでした。60代後半からの姿は、認知症の兆しであったかも知れませんが、周りの動きを見ながら、参加したい想いを表現できずにいた、のりえさんのもどかしさがかかわっていると考えられます。

聴力の低下や体力の衰えが進んでいますが、80歳になった現在も、のりえさんは洗濯班のしごとに通っています。職員が車椅子で送迎をしているのですが、転倒防止と、洗濯班での作業ができるように体力を守るためでもあるそうです。しごとの時間は短くなり、プレス作業でシーツを2枚だけ担当しています。のりえさんも洗濯班の仲間も、その変化をしっかり受け止めているようです。

　のりえさんがしごとを続けていることについて、職員は洗濯班のしごとを辞めるように提案することは考えられなかったといいます。作業が開始される時間になれば、のりえさんは自分でタオルを首にかけて、いつもの椅子に座って、洗濯班まで送ってくれる職員を待っているのだそうです。シーツのプレスは、今でも慣れた手つきで仕上げています。2枚のプレス以外は作業時間の多くを座って、しごとの様子を眺めているのりえさんに対して、しごとの仲間が休憩のお茶を運び、手渡しています。

　洗濯班はこれまで同様、のりえさんのしごと場であり、洗濯班に所属する人たちは、のりえさんの年齢や作業量に関係なく、しごとの仲間として大切に接しているのです。共に暮らしている友だち

女子棟のホールで、いつもの椅子に座る

も、のりえさんにやさしく接しているといいます。周りの人たちは、想いをすぐに伝えられないけれども、のりえさんが友だちに想いを寄せ、共に暮らし、働きたいと願っていることを感じているのでしょう。

参考文献

西山厚『仏教発見！』講談社現代新書、２００４年
橋本佳博・玉村公二彦『障害をもつ人たちの憲法学習』かもがわ出版、１９９７年
石原繁野『あざみ織』サンブライト出版、１９８４年
張貞京「障害者施設に暮らす人々の発達と生活―老いと死を意識する」『障害者問題研究』41巻1号、２０１３年、27‐35頁

第5章　その人らしく生きる高齢期と看取り

住み慣れたところで、自分らしく暮らし続ける

ここまで、入所施設であるもみじ・あざみのみなさんを紹介してきました。ほとんどの人がもみじ・あざみの同じ敷地内で何十年も、共に暮らし、しごとに携わって、支え合ってこられましたが、みなさんのなかには、地域の働く場所に通って、長年働いてきた人たちがいます。

その働く場の一つが、石部の町で地域と共に働き、暮らすことを大切にしてきた「(株) なんてん共働サービス」です。1981年に二人の障害のある青年と共に同社をはじめられた溝口弘さんにお話を聞きました。様々な事業に取り組んでおられますが、はじまりや全体像については別の機会に譲り、ここでは障害の有無を超えて地域に根ざす高齢期と看取りの支援に注目して紹介します。働き暮らしてきた場所が施設か地域かのちがいを越え、高齢期の発達と支援に大切な視点を考えます。

地域で共に働き、共に暮らす

地域の建物清掃と緑地維持管理を業務とする「(株) なんてん共働サービス」からはじまり、小規模多機能型居宅介護事業所である「秋桜舎」「樹林」、訪問介護事業所「共生舎なんてん（高齢者デイサービス）」、「特定非営利活動法人ＮＰＯワイワイあぼしクラブ」が運営する「高齢者グループホームわいわい」、グループホーム「ホワイトハウス」「南花」など、たくさんの事業がつくられています。

溝口さんは、これらの事業展開について、障害の有無にかかわらず、地域のなかで共に働き、共に生きるために、むずかしいからこそチャレンジしようと考え、ニーズに応えていくうちにつくられたものだと話します。しかし、それは自分との闘いの連続であったと穏やかに語られました。

石部の町では、地域の建物や公園、時には個人宅の庭で、「(株)なんてん共働サービス」の社員たちが障害のあるなしに関係なく、共に働いている姿があります。しごとが終われば、障害のある人たちは地域につくられたグループホームで、自分らしく過ごすことができるように支援を受けながら暮らしています。

高齢者のグループホームでは、住み慣れた地域で、ちょっと近くに引っ越しただけのような暮らしが続けられています。住み慣れた場所であるからこそ、家族や馴染みのある人たちとの交流を続けることができます。たとえ認知症になって、できなくなったことやわからなくなったことが増えていっても、これまで暮らしてきた場所や人との、大切にしてきたことから切り離されることのない支援がめざされているのです。

溝口さんは、高齢者への支援について、「おとしよりの歴史や文化を充分に知らなければ、尊厳ある暮らしに向けた援助は不可能」であると話します。そこには、自分の人生を精いっぱい歩んでこられた一人ひとりを尊重する眼差しと姿勢があります。

障害があっても、高齢になっても

地域で共に暮らす高齢者と障害のある人が、みんなで助け合い支え合って暮らし続ける一つの例が、高齢者のデイサービスで働く「いきいき生活支援員」と名づけられた障害のある介護スタッフです。溝口さんは次のように紹介しています。

「2000年「共生舎なんてん」の開設にあたっては、ごく自然に障碍のある人がスタッフとなった。スタッフとなったK子さんの主な仕事は、簡単な掃除や食事の準備・片付け、買物や散歩の同行、ゲームや歌などへの参加であった。ダウン症の障碍のため目も悪く、掃除や食事の後片付け等はなかなか充分にはできなかった。お盆に食器を載せて運び始めると「ほらそこに椅子があるで」とか「ゆっくり歩き」といったおとしよりの声が飛んだ。買物や散歩の時は「赤い～リンゴに～♪」という彼女の歌声におとしよりの顔がほころんだ。こうして、彼女がいることによっておとしよりに役割が出来たり、場の雰囲気が明るくなったりした。またそうした動きにより、職場内が柔らかくなったり、時にはご近所さんの笑顔を生むこともあった」

「いきいき生活支援員」だけで、デイサービスを成立させることはむずかしいでしょう。しかし、K子さんの歌声に和み、充分とはいえないK子さんのしごとに生き生きと声をかける高齢者の姿は、どちらも支援される存在としてとらえがちな私たちに、支援とはなにか、その意味を問いかけているように思います。

高齢者のために働く人がいる一方で、元気に地域で働き暮らしていた障害のある人のなかには、自身も高齢になり、しごとに行けなくなった人がいるそうです。地域の高齢者と同じく、デイサービスを利用しはじめたところ、そこには、近所の高齢者が通っていて、互いに「あんたも、来てたのか」と、違和感なく利用しているのだそうです。

なんてん共働サービス。道路清掃の作業中

共生舎なんてん

ただし、地域で暮らせれば良いわけではないと溝口さんは話します。地域で働く障害のある人のグループホームを地域につくり、続けて2つ目のグループホームをつくろうとした際、地域の反対に直面したそうです。グループホームが地域のなかにいながら地域の一員になっていなかったためだと、溝口さんは振り返ります。

それからは、グループホームで暮らす障害のある人たちと支援するスタッフが、地域の自治会でおこなわれる行事や清掃活動などに積極的に参加し、草引きなどを地域の住民と共に担い、時には自治会の組長を引き受けることもあったといいます。

障害の有無にかかわらず、高齢となり、デイサービスの場で「あんたも、来てたのか」と互いに親しみを感じるのは、地域での日常的な交流が重ねられていたからこそ可能なことでしょう。

住み慣れた場所で看取りを

数年前から、高齢者の認知症対応型グループホームでは、看取りが必要になっているといいます。家族も慣れ親しんだ場所で看取ることを希望しているなか、支援するスタッフからは、ホームで看取りをおこなうことはできないと、反対の声が上がったそうです。看取りをする「医療的知識がない」というのが、その理由だったといいます。溝口さんは、すぐに地域にある医療の訪問看護などを利用し、スタッフが研修を受けながら、最期を看取るようにします。

看取りを経験したスタッフは、「良かった」と実感を語っていたとのことです。

地域にあるグループホームですから、家族が暮らす家が近くにあります。溝口さんは、認知症の高齢者にとって、馴染みのある場所で、馴染みのある人たちを眺め、見守られながら、それまでと同じ風を感じて最期まで暮らし、死を迎えることが自然ではないかと話します。

看取りを経験したグループホームでは、現在、２人目の看取りにチャレンジしているといいます。

「迷惑を恐れない」

障害のある人たちが地域の一員として働き、暮らし、認知症の高齢者が住み慣れた場所で看取られる現在のかたちは、長い時間をかけてつくられたものです。人と人が支え合って生きることをめざしていけば、様々な問題が起こります。その問題をどう考え、解決に臨むか、溝口さんは「迷惑を恐れない」と話し、その例を次のように書いています。

「グループホームに住むTさんが休日に街まで出る道中、飲み終えたコーヒーの空き缶を余所のお家の庭先に捨ててしまった。ちょうど居合わせたご主人に見つかり、本人はもとより謝りに行った世話人さんもこっぴどく怒られた。

なんてんやワイワイ内でも、そんな苦情が来るほどの迷惑を掛けるのなら、街までまとめて送迎すべしの声も上がった。しかし彼女らの「おもい」や「つもり」を尊重すれば、まとめて送迎ということは出来なかった。

その後も、たびたびの注意にもかかわらずいろんな迷惑行為が続いた。しかし、先方さんには誠意を持って対応したので、特に大きな問題とはならなかった。逆にTさんの場合は、その「迷惑」がきっかけで彼女とご主人が声を掛け合うようになった。

たしかに法律に基づいた事業なので、事故や行き過ぎた迷惑行為はあってはならない。しかし、事故や迷惑を恐れるあまりに、支援者が抱え込むようなことはあってはならない。「迷惑」が人と人をつなげ、障碍の理解と地域の受け入れが進んだ事実があるからである」

迷惑行為があった時、支援者がその行動を制限したり、管理下に置いたりせず、共に謝罪し、説明していくことで、相手の理解を一歩進めることができています。たとえ迷惑行為であったとしても、相手を知り、どのように対応するか学ぶ機会になっていったのです。

地域の草刈りも一緒に

人と人が支え合って生きることは、時間をかけてかかわって互いを知っていくことで可能になるのだと思います。そして、障害や年齢にかかわらず、目の前にいる支援される立場の人に対して、いつも自分らしく暮らすことができる支援をしているか、長い年月をかけてこられた人生の歩みを尊重しているか、問い続けたいものです。

地域にある企業の社員研修で、溝口さんは講演の最後を次の言葉で締めくくっています。

「障がいがあっても　認知症になっても
いつまでも　住み慣れた所で　みんなと一緒に　助け合い支え合って
自分らしく　暮らし続け
そして　みんなに見守られながら　死んで行く
そんな地域をつくりたい」

地域か、施設かの議論ではなく、自分らしく、他者と支え合う暮らしが保障され、一人ひとりを連続する生の中で尊重する支援が望まれます。

参考文献

溝口弘「共に生きる街への挑戦～先人達の思想に学んで42年～」『滋賀社会福祉研究』第15号、２０１３年

第6章　他者と支え合って生きる

ここまで、もみじ・あざみで暮らす方々に登場していただき、高齢期に直面する老いや死に悩みながら今を生きる姿について紹介してきました。また、「(株)なんてん共働サービス」の取り組みは、たとえ認知症になっても、住み慣れた地域、場所、慣れ親しんだ人たちとのつながりのなかで生を全うできる暮らしがめざされていました。

高齢になれば、誰もが心身の状況や身近な人との関係、所属する集団社会での役割などを喪失する体験を経ることになります。高齢期が、衰えや喪失といった変化を受け止める過程で悩みながら自分を見つめ直し、それまでとは異なる付き合い方を探り学んでいく時期であることを、もみじ・あざみのみなさんが見せる姿から気づかされました。これまでに紹介したみなさんが自分の衰えや身近な人との別れ、しごとの役割変化などに悩みながら向き合っていく姿は、同じ施設の中で暮らしていても一人ひとりの物語があって、老いや死を実感する状況もタイミングもちがいます。しかし、その物語から、知的障害の有無や暮らしの場のちがいを超えた、高齢になっていく私たちへの示唆を読み取ることができます。

高齢期の発達理解と支援のあり方について、紹介してきたみなさんの例から考えてみたいと思います。

高齢期の悩みに向き合って気づく

第2章で紹介したなつこさんは、高齢期の様々な喪失が、生涯発達において築き上げてきた発達の姿を自ら振り返って意味づけ直し、他者とのつながりのなかで生きていることを見つめ直す契機となることを教えてくれます。

なつこさんは一人でやりたいことを止められて不満を漏らしていました。実際、暮らしのすべてを一人でこなしていくのはむずかしくなっています。しかし、なつこさんはできなくなった悩みを持ったことで、新たな気づきを得て、これからの自分にできることを大切にしたい願いを持ち日々を過ごすようになっています。

もみじ・あざみの旧職員会が発行する今年度の会報誌に石原繁野さんが寄せた原稿の一部です。

「八十一歳のなつこさんの手紙には、自分の老いをきちんと受け止め、老いを生きる姿勢を読み取れます。なつこさんは、十八歳で入寮した言葉は理解できるが言葉を発することのできないさとこちゃんの成長を、姉のように寄り添って見守ってきました。なつこさんの手紙には「さとこちゃんは五十一歳になりました。もうギャーギャー大声を出さなくなりました。おとなになりました。なんでも一人でできるようになりました」と評価し、「ゆみこちゃんが、私の代わりが出来るようになりました」と、大切な親友に自分の役割を託し、「今は、私はゆみこさんとさとこちゃんに助けてもらっています」と、今は自分の育ててきた、若い人たちに助けてもらう暮らしであること、そして「私はむすび織をがんばります」と、今も人々に評価されている織物をすること。老いをしっかり受け止めた生き方を示しています」

なつこさんが自分自身を高齢者として意識しているかはわかりませんが、大切にしてきた人たちに助けられて生きる自分の今に、意味を見出していることがわかります。自分の役割を担ってくれるようになった友だちの変化、騒いで世話が必要だった若い人の成長を実感する今は、なつこさんができなくなった自分に悩み、向き合ってこそ気づけるものなのでしょう。まだ悩みは続くでしょうが、なつこさん自身がこれまでがんばってきたからだと、これからはゆっくりと時間を過ごしたいと考えていくのかもしれません。

他者に想いを伝える

先ほどの会報誌の原稿を、石原さんは「コロナ禍であることで知ることのできた、宝物でした」と締めくくっています。退職後も織物工房をボランティアで手伝っていた石原さんは、直接見るなつこさんの衰えを心配したそうですが、コロナ禍で会えず、手紙のやりとりを始めてから、なつこさんが、ゆみこさんやさとこさんに助けられながら暮らす今を前向きに受け止めていることを知ったといいます。

なつこさんに対して石原さんが返す手紙には、さとこさんを大切に導いてくれたこと、がんばってこられたなつこさんへの感謝が綴られているそうです。知ってほしい、共感する相手に手紙を書き、伝える作業そのものが、なつこさんにとって今を見つめ直していく過程であるのでしょう。そのなかで、今までの自分と身近にいる大切な人との時間を振り返り、自分と周りの変化を見つめ直し、その付き合い方を探り学んでいるように思います。

手紙のやりとりは遠く離れた相手に想いを寄せ、自分の気づきや考えを相手と確かめ合うことができます。たとえ、文字が書けなかったとしても、共感する相手と共に振り返りを重ねる過程で、自分の気づきや考えを深めていくことができます。他者と共有して自ら表現する体験をとおして、悩みに新たな意味が与えられていくのです。

老いに戸惑い、自分のできることを探し求めて悩む姿があるなら、その悩みを一人のものとせず、友だちや仲間関係、あるいは支援者とのなかでとらえ直し、表現していけるように支援していく必要があります。

働くことの意味

次に、しごとへの強い想いや願いが、できなくなることが増えた高齢の日々に潤いを与えていることを、むすび織をがんばるなつこさん、90歳を超えても新しい織物の模様に挑戦したいと話すまちこさん、少しでも調子が良くなると「刺繍しましょ」と始めるとみさん、プレスするシーツの作業量はわずか2枚しかないけれど所属する作業場に行く準備をするのりえさん、作業内容でない絵を描きながら所属する農耕班に通い続けたはしおさんから学ぶことができました。みなさんがしごと場に行くためには、ケガを予防するために職員が介助しなければなりません。多様な業務に追われる職員が介助に入ることができるまで、みなさんが待つこともあります。それでも、行きたいしごと場なのです。

そこには、手応えを実感する好きなしごとに出会い、周りにいる仲間と支え合いながら大人として働き、自分への信頼を重ねてきた一人ひとりの大切な人生の記憶があります。働く自分と仲間への信頼、そして仲間と共有してきた時間の積み重ねが、その先にある高齢期に意味を与えます。

高齢になってもしごとを続けるみなさんに対して、いつまで働かせ続けるのだという声が聞こえてきそうですが、生産性や経済的な対価ばかりを求めてきた仕事なら、体力の衰えた本人が続けたいとは考えないでしょう。もみじ・あざみのみなさんのしごとは、誇りとやりがいを感じ、友だちや仲間とのつながりのなかで暮らしを豊かにするものでもあります。憧れを抱いていたしごとができるようになった日々、一人ではできないけれど、仲間や職員に助けられてできるようになった作業、自分と同じようにしごとを覚えできるようになっていく仲間の成長する姿、しごと中に飛び交う和やかな会話、仲間の楽しみをきっかけに自分の楽しみが広がった体験など、育ち合った大切な想いがしごとに詰まっています。たとえ、できる作業量がわずかであっても、決まった作業ではないことをやっていても、自分自身の人生とかかわってきた人たちとの時間と場所で、ゆっくりと時間をかけて形成されたしごとへの誇りや愛着を思い出し楽しんでいるのだろうと思います。

残念ながら、第3章に登場いただいたとみさんが、２０２1年末に亡くなりました。いつもどおりの暮らしを送っていましたが、入浴中に胸の痛みを訴え、救急搬送された病院で息を引き取られました。急性の症状だったそうで、突然の訃報に大変驚きましたが、好きな動物を表現した大好きな刺繍がしごととなり、その作品が評価され、体力のある限り大好きなしごとをして過ごしていたとみさんの充実した一生を羨ましくも感じています。もしも、体調が戻っていたなら、きっと刺繍をしようとしていたのでしょう。

高齢期の発達

みなさんのしごとに対してみせる想いに接しながら、高齢期がただ単に「できていたこと」が「できなくなる」時期ではないことを知ることができました。高齢期の発達は、外界と付き合っていくなかで、自分や身近な人に起こる変化に悩み、様々な変化を自分のものとして受け止めていく過程であり、他者とかかわっていくなかで自分の想いに気づき学ぶ過程であると思います。高齢期の変化を自ら前向きに受け止め、付き合っていくためには、他者とのなかで好きだと思えるしごとに出会い、展開してきた時間の積み重ねが重要であると考えられます。その積み重ねがあれば、衰えも不安も主体である本人が周りにいる他者に支えられながらゆっくりと時間をかけて、自分自身の変化や置かれた状況を新たに意味づけしていけるのではないでしょうか。

その人が生きてこられた場所と時間の流れ、関係が連続したなかで老いと死を迎え入れることができると良いのですが、障害の有無にかかわらず、実現はたやすくありません。また、それを支える人材も必要になります。高齢になった人や、老いと死に悩む人とかかわる時、その人が歩んでこられた人生の物語を知ってほしいと思います。「介護が必要な高齢者」としてではなく、自分にとってやりがいのあるしごとを求め働き、暮らしのなかで他者と支え合う日々を送ってきた存在として尊重する眼差しをもってかかわることを願っています。

写真は、亡くなったとみさんが数年前まで編んでいたマフラーと、なつこさんやゆみこさんが編んだ帽子です。石原さんの手伝いを得て余暇の時間に編み、どちらも家族や友だち、職員、もみじ・あざみの関係者などに、プレゼントするためのものだそうです。マフラーも帽子も一人では仕上げられませんが、得意な友だちや職員の力を借りればできます。みなさんは自分にできないことがあっても、他者と支え合えばできることがたくさんあることを知っています。ですから、支えるより支えられることが増えても、自分の願いをもって、他者と支え合う日々を大切に暮らしているのです。

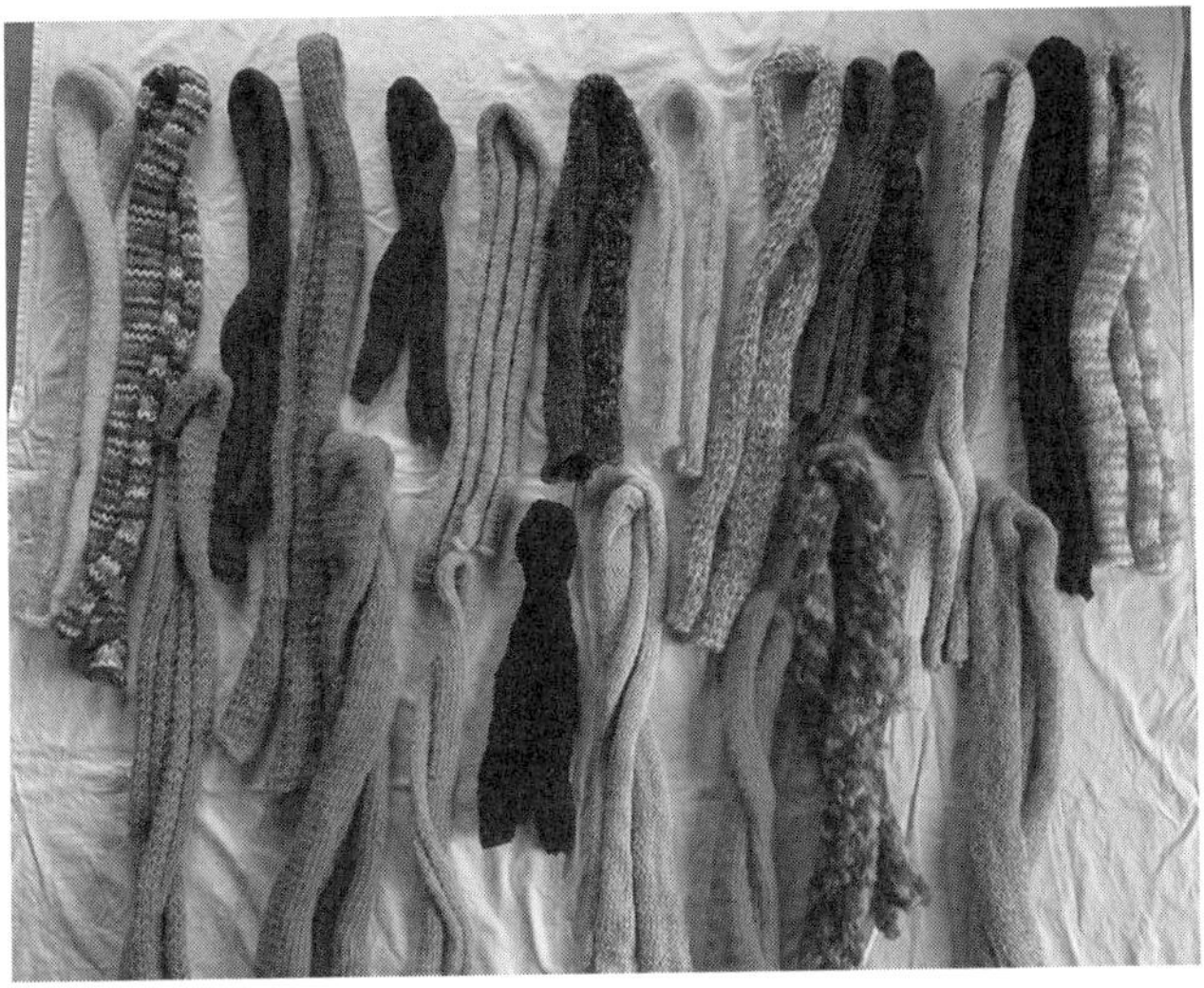

補章　めざしたい実践

これまで、もみじ・あざみのみなさんが仲間や職員と共に生きてこられた歴史を、高齢期の暮らしとしごとの様子に焦点を当てて紹介してきました。紹介してきたみなさんが働く大人として仲間と共に暮らし、一人ひとりが自分自身の老いと向き合っている姿の背景には、もみじ・あざみが大切にしてきた取り組みの積み重ねがあります。その取り組みの視点は、障害のある人たちを支援する人にとって大切な視点を教えてくれます。今、目の前にいる人の発達を保障するために何を大切にするか、支援者に求められる姿勢について考えたいと思います。

発達への気づき

もみじ・あざみのみなさんが取り組んできたしごとの一つに、あざみ織と呼ばれる織物があります。これまで紹介してきたなつこさんやまちこさんにとって、高齢になってなお生きがいとなっているしごとです。大津のあざみ寮でホームスパンから始まったあざみ織は、毛織に木綿織やむすび織（小さなじゅうたん織）が加わり、一人ひとりが成長できるしごと場として、実用的かつ芸術的な作品を作りだす現在のあざみ織工房に至っています。

石部に移ってからの工房には、男性も織物作業に参加してきました。織物やむすび織の作業に取り組んでいるみなさんの中には、いつも童謡を口ずさみ、身体を左右に揺らしながら機に向かって座るてつじさんがいました。仲間や職員から「てっちゃん」の愛称で呼ばれるてつじさんのしごとであるむすび織は、古着を再利用するもので、ウールの古着を縦に切って毛糸の代わりに結んでいくものです。てつじさんは、縦に切ったものを1回結ぶ長さに切ってもらえば結んでいくことができます。

言葉で簡単なやりとりを楽しむことができるてつじさんは、むすび織の機の前に座り、「から～す♪　なぜ泣くの～♪」と歌っていることがよくあって、むすび織はなかなか進みません。時には工房から脱走することもありますが、離れたところから職員が名前を呼ぶと「は～い！」と答えては結びます。また、仲間から促しを受けて、むすび織を進めていきます。工房を訪れた人が話しかけると、「いい子、いい子」と笑顔で頭をなでてくれるてつじさんです。愛嬌と楽しい歌でみなさんを和ませてくれる存在でしたが、自ら作業を進めることがほとんどないてつじさんがむすび織をどのようにとらえていたか、職員もわかりづらいところがあったそうです。いつか、てつじさんが自分のむすび織に誇りをもってくれることを願いながらの日々でありました。

あざみ織は様々な専門家の指導を受けながら、障害のあるみなさんも、指導する職員も、共に学び続けてきた実践であります。学ぶ機会の一つが織物に関連するイベントへの参加です。工房の全員で参加し、織物作品の多彩な世界へ興味関心を広げ、多様な可能性に気づく機会です。そして、自分たちが取り組んでいる織物に誇らしさを感じると同時に、その大切さを確認する時間でもあります。

ある時、大阪の民芸館で開催されたインドの織物の展覧会を工房のみんなで観に行った時のことです。会場に入り、展示されたインドの織物を目にしたてつじさんが「おりもん」、「おりもん」と、織物の一つ一つを指さしながら歩いていったといいます。工房の織物と自分のむすび織、そしてインドの織物が「おりもん」として、てつじさんの中でつながっていたことを知った場面だったそうです。てつじさんのむすび織を指導し、工房での姿に接してきた石原繁野さんは、てつじさんの姿を見て驚き、感動を覚えたと振り返ります。

てつじさんがどれくらい働く大人としての意識を持っていたか、本人の言葉で確かめることはむずかしかったように思います。しかし、てつじさんは、長い時間をかけてむすび織に取り組んでいく中で、自分のむすび織が「おりもん」であること、素材やその色合い、使う道具のちがいがあっても、工房で仲間が取り組んでいるもの、そしてインドの織物までが「おりもん」であることに気づいていたのです。てつじさんのように、言葉の表現がむずかしく、進んでしごとに取り組むことがほとんど見られない場合、日々かかわっている職員が本人の内側にある気づき、発達した姿である変化に気づけないことがあるかもしれません。

てつじさんは仲間や職員に支えられながら、織物を自分のしごととして誇りをもって働くみなさんとかかわっていたこと、織物について学び続けていく経験を通して、「ちがうけれども同じ、同じだけれどもちがう」織物であることに気づくことができたのだと思います。そして、近くで支援していた職員も、日常のしごと場とは異なる場所で学ぶなか、てつじさんの気づきを知ることができたのです。

てつじさんは、その後も工房で仲間や職員の促しを受けながらむすび織に取り組みました。数年後、てつじさんは内臓疾患で大きな手術を経験します。しばらくして50代で亡くなった後、石原さんはてつじさんのむすび織作品を数えたそうです。てつじさんがむすび織を始めてから生涯で仕上げた作品が、１００枚を超えていたといいます。大人として働いた時間の長さから考えますと、てつじさんの気づきや作品数は小さいものに見えるかもしれません。ですが、「おりもん」と言いながら指さしていたてつじさんの姿から、織物が自分のしごとであるという誇りが感じられます。

誇りを感じるしごととは、どのようにして作られてきたか、あざみ織工房の歴史を作って来られた石原繁野さんが１９８４年に執筆刊行された『あざみ織』（サンブライト出版）からたっぷり引用しつつ、大切にしてこられた取り組みの視点を学びたいと思います。

残念ながら、本は絶版となっていますが、織物のしごとを通して、障害のあるみなさんが育ち合っていく様子を一番近くで見ていた石原さんの気づきと想いで溢れています。温かみのある文章と写真から、しごとに取り組むみなさんが感じていた楽しさや嬉しさが伝わってきます。そして、織物のしごとをみなさんのしごとにしたいと強く願っていた石原さん自身が、一人ひとりが発達していく姿に喜びを感じ、次への期待で胸が膨らんでいたことが読み取れます。本を読み返しながら、今、障害のある人とかかわる支援者が、石原さんのように楽しさと喜びを感じる実践の日々を感じてほしいと考えています。

なお、あざみ織工房の実践だけが、もみじ・あざみのみなさんのしごととの関わりではないことに留意したいと思います。あざみ織工房の取り組みは、もみじ・あざみで取り組まれた他の暮らしとしごとの場、行事などを通して、仲間や職員、家族、かかわるたくさんの人たちとの関係において、一人ひとりが大人として発達していく姿を認め合っていく日々があることを忘れてはならないでしょう。

学んで教え、共に学ぶ織物のはじまり

織物は、もみじ・あざみの前身であるあざみ寮から始められました。あざみ寮は、糸賀一雄（1914～1968）らによって立ち上げられた戦災孤児や障害のある子どもたちの暮らす「近江学園」（児童養護施設、1946年設立）の成人になった学園生の生活寮として、1953年に大津市内に糸賀の私塾である自由契約経営の女子知的障害者施設として開設（初代寮長＝糸賀房）されました。あざみ寮では暮らしているみなさんのことを「寮生」（以降は、寮生さん）と呼び、様々なしごとを模索しながら取り組むなか、糸賀によって織物が提案されます。

織物を提案した理由は、織物が実用性と芸術性を兼ね備えていること、つまり、暮らしを豊かにするものであると共に、芸術的な要素があることから、一人ひとりの可能性を引き出し、広げられる教材として注目していたと考えられます。

織物が寮生さんのしごととして本格的に取り組めるようになるまでには、様々な出会いと学びの連続があります。まず職員が織物を学び、寮生さんに織物を教えながら取り組むまでには、1年以上の時間が必要でした。

織物の取り組みについて、専門家の指導を得て進めていく様子を石原さんは次のように書いています。はじめて取り組む織物について専門家の指導を受ける職員が抱いた心ワクワクする感覚と期待、その姿を見ていた寮生さんの憧れと期待がわかります。

「織物を寮生の作業にと計画が具体的になった昭和三十二年の早春、倉敷民芸館長の外村吉之介先生が来寮してくださいました。そのとき先生がもんぺ姿の上にお召なっていた真っ黒のコートの色が印象的でした。黒がこんなにも深く温かくおだやかな色であったかと感動しました。それが、羊毛を草木染にして手紡ぎの糸にし、手織りで仕上げた、私のはじめてみるホームスパンだったのです。

寮生の生活をごらんになった先生は、いろんな能力の人たちがいっしょにできる仕事がいいだろうとおっしゃ

石原繁野さん

り、ホームスパン作業が適しているのではと助言してくださったのです。羊毛の毛を洗い、山から草木を採ってきて羊毛を染め、その毛をほぐし、紡ぎ、織る。一台の機を一日動かすのに十八人の手が必要というホームスパンの一貫作業は、聞いていて体じゅうが踊りだしそうな夢を感じました。そのとき私は、たった一度寮生の生活をごらんになっただけの先生に、どうしてこんな適切な助言ができるのだろうと、大きな尊敬と幼い疑問をいだいたことを懐かしく思い出します。

その夏、外村先生のご紹介で東京から清野新之助先生をおむかえして、職員全員の織物講習が行われたのです。講習は十日間でしたが、なにもかもがはじめての織物に心がはずみ、糸になり布になっていく喜びに全員が有頂天の日々をすごしました。しかし思ったより作業はむつかしく思えて、わずか十日間の経験では寮生といっしょにやっていく見通しをもつことができず、講習が終わっても、しばらく誰も手をつけることができませんでした。ところが寮生は、織物にたいへん興味をもち、いつ自分たちに教えてもらえるのかと毎日のようにせがむのです。

織物が寮生によってはじめられたのは、昭和三十三年の四月からでした。」

（中央）糸賀一雄さん、（右）石原繁野さん

専門家の指導を受けて真剣に学んでいる職員の姿に、寮生さんらが憧れを抱き、自分たちもできるようになりたいと願うようになっていることがわかります。ただ、織物はたやすくできるものではなく、職員が指導できるまでの技術を身に付けるのは大変な時間と労力が必要であり、取り組みが進めば進むほど、むずかしさを実感していきます。それでも、石原さんは共に学んで織物作品を作りたいと強く願うようになります。持っている力のちがいがあっても、それぞれが役割を持ち助け合うことができて、小さく地味な作業であっても一つ一つ重ねていくことで織りあがっていく織物に魅了され、寮生さんが育ち合う可能性を予感していたのでしょう。石原さんは、自ら織物を担当したいと申し出ます。

「それが若さだったのでしょうか、私は、織物をやらせてくださいと名乗り出たのです。まだ私には織物を寮生の作業とすることに不安感をもつほど深くものごとを考える力もなく、見通しのもてるほど寮生のことも織物のこともわかっていませんでした。ただ、みんなといっしょに織物ができたらどんなに楽しいだろう、そんな気持ちが自分を動かしたのです。」

認め合って、力になっていく

織物作業に取り組む寮生さんの生き生きとした育ちの様子が次のように紹介されています。

「洗った毛は草木染にしました。染めた毛はていねいにほぐし、ハンドカードと呼ぶ針のいっぱいついたブラシのようなものを二本つかって、毛を少しずつすいてカード上にしていきます。一枚できるたびに太陽にすかして、毛が美しく整っていることを競いあい楽しんでいました。（中略）はじめてみんなで取り組む作業です。力いっぱい立ち向かいました。羊毛の掃除をすればゴミ箱はたちまち毛の山になり、ハンドカードはすぐに針がボロボロになり、糸を紡ぐと撚りはキリキリ小指ほどもある太さの糸になりました。それでも一人ができるようになると、それがみんなの力になって、かならず次々にできるようになるのです。それが集団の力というものでしょうか。」

「十年たっても一人でむすび織のできない人が何人もいます。それでも毎日少しずつ一人でやれる部分がふえていくように思えます。七十本のタテ糸の二本ずつに毛糸をむすびつけていくことを覚えるのに、十年間が必要だった人もいましたし、十年かかってもまだむつかしい人もいます。そんな時間なんか問題ではないとみんな思っています。どんな小さな可能性もみんなで大切にして、みんなの働く力にしていくのです。」

しごととして織物を覚えていくことには、一人ひとりの力に差があります。すぐにはできなくても、時間をかけてできるようになった実感を持つ寮生さんの中に、仲間の育ちを信じて教え合う姿勢が育っていったのです。できることや変化が小さくても、その積み重ねとみんなで助け合い織り合っていく毎日があってみなさんの発達があるのだと教えてくれます。自分への信頼が他者への信頼と助け合いを可能にするのだと、和気あいあいと賑やかに作業していただろう当時の姿を想像しながら、熟練の技で準備作業をし、織物作品を作る現在の姿が辿ってきた実践の日々を実感しています。

学びと気づき

織物作業への見通しが立つようになり、しごととして定着し始めた頃のことです。石原さんは専門家の指摘を受けたことについて、当時の心境と気づきを書いています。

「その頃、伝統工芸の織物作家である宮島勇先生が、長等山にあったあざみ工房に来てくださいました。そのとき機にかかっていた藍染の木綿織をみて、「藍の色が重くて、きたないですねえ」といわれたのです。私はすぐに「藍屋さんに染めてもらった本藍の糸なんですが」と、本藍であることを主張したのです。先生は笑いながら「糸の染のことではないのですよ。本藍を使っても、使い方で色は光りもするし沈みもします。これでは糸がもったいないですねえ」といわれたのです。そのときの恥ずかしさは忘れられません。そしてそのことを大切に思っています。

「糸がもったいないですねえ」、この言葉は、頭から冷たい水をかけられたような思いでした。藍が藍の美しさを失っていることに気づかず平気でいる自分。これでみんなと織物をする資格はないと思いました。私には美しさに対しての基本的な力がない、つまり美に対して鈍感だということです。私は織物をやめるか、勉強して身につくものならその方法を考えるか、どちらかの道しかないと思いました。もうその頃は、みんなにとって織物は作業教育ということでなく、生き甲斐として育ちはじめていたのです。それに対応できる力をつけなくては、私はみんなと織物を続けられないところに自分を追い込んでいました。」

織物作業が寮生さんにとって大切なものになっていることを感じていた石原さんは、専門家の指摘を受け、さらに学ぶ必要性を痛感します。石原さんは織物作家をめざしている人ではありませんし、寮生さんに織物を教え、指導していく立場にあります。指摘を受けた時期は、個人差があるとはいえ、寮生さんが作品を作ることができるようになっていた時です。障害のある人のしごととして、一定の目標に到達している実感があったと考えられます。寮生さんも喜んで取り組んでいましたから、専門家の指摘を改善すべきこととして前向きに受け止めることは容易いことではありません。

実践に取り組んでいくなかで、改善すべき課題や目標が設定されますが、障害のある大人のしごととなれば、一定の目標に到達し、作品という結果が得られたことで満足することがあるかも知れません。しかも、日常の様子を見ていない専門家から指摘されても、続けるだけで精いっぱいであると感じることもあるのではないでしょうか。しかし、石原さんは、指摘を受けたことから、織物をより美しいものにするため、自分の感性と技術を磨きたいと考えたのです。

もみじ・あざみは、織物にかかわる様々な専門家のように、多様な専門家がかかわってきました。そのつながりが次の出会いをもたらし、寮生さんと職員の暮らしやしごとの可能性を広げ、学びの可能性をも広げてきました。織物を深く学びたいと考えた石原さんも、それまでのつながりが出会いを呼び寄せ、ペルーの天野博物館への長期研修が実現します。ペルーから帰国後のあざみ織工房は、織物の世界をさらに広げていきました。

寮生さんが織物を学び、自分自身と仲間の育ち、その可能性に気づいていたように、織物を指導する石原さんも、寮生さんと共に織物のしごとに取り組むことで気づきを得て、学びを重ねたい想いを強くしていったのでしょう。寮生さんとの出会いとその発達からの学びと気づき、そこから広がる新たな出会いを通して、石原さん自身が学び発達していく存在であることを実感していたのだと思います。

願いが生まれるしごと

あざみ織工房で作られる作品は、技術的に高く評価され、実用的にも温かい味わいがあるものばかりです。織物として評価の高いあざみ織について、石原さんは次のように書いています。

「あざみ織は、織物として技術的に優れているとか、芸術性が高いとか、センスがいいとか美しいとか評価されるような、りっぱな織物ではけっしてありません。みんながそれぞれの力をいっぱい出して織ったものですが、たくさんの問題をもつ幼い織物です。知恵遅れの人たちの織るものだから、それでもいいとは思ってもいませんし、幼さに味があるなどとも思ってもいません。問題も幼さも解決していかなくてはなりません。

みんなは、りっぱな織物ができるようになることが目標であり願いです。りっぱな織物とよばれるものにどれだけ近づけるかわかりませんが、みんな、その可能性を信じて毎日織物をしていいます。それが生きるということだと思います。あざみ織をすばらしいと評価してくださるのは、そんなみんなのひたすらな生き方に対しての声援だと思っています。

そんなあざみ織がみんなの「生きる」ことそのものに育つまでに、たくさんの人たちとの出会いがありました。その一つひとつが、みんなとあざみ織を育てていった大切な力だったと思います。」

みなさんが取り組む織物に、これができれば良いといった到達点はありません。○○ができるようになりたい、もっと上手な人のようになりたい、もっと素敵な模様が織りたい、別の織り方にも挑戦したいなど、一人ひとりに次への願いが生まれてきます。願いが生まれるのは、仲間との関係から憧れを抱いて気づくこともありますが、専門的な指導や研修の機会など、仲間と共に学び続ける体験が次への願いを可能にしているのです。あざみ織の願いが生まれる実践の中でしごとを続けてきたみなさんだからこそ、心身の衰えを感じる高齢期になってからも願いをもって日々を大切に生きているのだと思います。

もみじ・あざみの織物にかかわる実践は、支え合いを必要とする作業であり、能力のちがいがあっても互いを認め合えるしごとです。しかし、織物でなければならないことではありません。石原さんは、あざみ織の作品がより良い作品になっていくこと、作っている一人ひとりが楽しい、嬉しい、取り組みたいと思えるものであること、新しいことに挑戦できる機会を用意することが職員の役割であるといいます。言い換えれば、しごとが生きがいになるように準備し支えることでしょう。ただし、そのためには、支援者自身も楽しいと感じる実践でなければなりませんし、学び続ける姿勢を忘れてはならないでしょう。

参考文献
『糸賀一雄著作集　Ⅱ』糸賀一雄著作集刊行会、日本放送出版協会、１９８２年
石原繁野『あざみ織』サンブライト出版、１９８４年

おわりに

もみじ・あざみとの出会いは、１９９１年3月末のことでした。定期的にもみじ・あざみを訪れ、暮らしているみなさんの話を聞き取り、成人期の発達をみつめていた田中昌人・杉恵先生に連れられて訪れたのが最初の出会いです。それから30年間通い続けていますが、人が生き、発達していくなかで抱く悩みや願い、そして実践とはどうあるべきかを教えられ、実践と研究を結ぶ者でありたいと考えるようになった私の原点であります。

もみじ・あざみのみなさんの知的障害の程度は一人ひとりちがいますが、訪れた者を受け入れる大らかさは心地よく、人と人が共に生きることの大切さを教えてくれる場所です。共に暮らしているなかで起こりうる小さいもめ事があったり、落ち込んだりすることもあるけれど、長い時間をかけて他者と共に生きるからこそ感じ合い、支え合う日々があります。一人の気づきと経験が周りに広がり、みんなの暮らしを豊かにしていく姿を近くでみることができます。

作業場の一つである、織物とむすび織の工房では、トントンと心地よく響く機を動かす音、しごとをしながら会話するみなさんの声が和やかな空気をつくりだします。会話内容は朝礼での話や家族のこと、これから予定している行事のことなど、楽しい話もあれば、心配な話もあります。職員はみなさんのしごとが進むように確かめながらも、会話に参加して、共感したり、提案したりする時間が流れていきます。

本書で何度も紹介している石原繁野さんは、常にみなさんの会話の中心にいて、共に考えてこられた方です。約20年前に退職されてからも、もみじ・あざみのみなさんの生き方を見守り続けています。石原さんは、みなさんと人生を共にし、一人ひとりがより良い自分の姿に出会えるしごとと暮らしをめざして取り組んでこられた素晴らしい実践者であります。

工房でみなさんと共に働く石原さんは、みなさんのしごとがスムーズに運ぶように全体を見渡して、会話に参加しながら、材料の準備などで手を動かしている姿が印象的でした。石原さんは、一人ひとりの発達してきた個人史を鮮明な記憶で語り、どんな願いと想いを抱いているか、変化していく姿をふまえて注意を向けてきました。そして、そのまなざしには、みなさんが一歩前に進められるきっかけをつくろうとする意志が力強く込められています。

石原さんが進んで発達保障という言葉を使われることは、あまりなかったと思いますが、一人ひとりの発達への願いをもち、その実現のために他者と共に考え、自ら学び続ける姿勢は、目の前にいる人の発達保障に取り組む者がどうあるべきかを示しているように思います。

これまでももみじ・あざみのみなさんの暮らしとしごとについて、石原さんが大切にしてこられたことを教えられてきました。今回、実践の歴史について何度も話を伺いました。そのなかから、実践の視点を二つ紹介します。

一つ目が「人と人をつなぐ」です。第2章のなつこさんに、言葉で表現することがむずかしいさとこさんの世話をお願いしたことが良い例です。不安や戸惑いを支え合ったり、暮らしの基本的な動作やしごとの内容などを教え合ったりすることは、共に生きていくからこそ大切になります。職員が一人ひとりと向き合って支え、教えることも必要な時がありますし、職員が教える方が早く済む場合もあるでしょう。しかし、共に暮らし働くなかでみなさんが支え合い、教え合って生きることができれば、そのつながりが暮らし全体に広がりをもたらし、高齢期になっても支えになっていくことをもみじ・あざみのみなさんが示しています。

二つ目は、「ちょっとわくわくすること」。つまり、暮らしとしごとに、小さくても変化と驚きを用意することで心が豊かになり、いつもの暮らしとしごとを見つめ直すことができると石原さんはいいます。たとえば、工房のしごとで、織物の糸や色、素材、デザインなどを新しく提案して用意したり、みなさんのしごとを支え指導してきた石原さんが大切にしてこられたことです。高齢になっても新しいことに挑戦したいと話す第3章のまちこさんは、たくさんの「わくわく」を感じてこられたにちがいありません。

第6章で一部を引用しましたが、コロナ禍でもみじ・あざみを尋ねることができなくなってから、旧職員が発行する昨年の会報誌に寄せた石原さんの文章を全文紹介します。

私、八十四歳になりました。退職して二十年、工房への押し掛けボランティアを受け入れていただき、楽しく充実した日々でしたが、コロナ禍でそれができなくなり、すっかり淋しい日常に変わってしまいました。この二十年がどんなに恵まれた日常であったたか、もみじ・あざみのみなさんに感謝しています。

そんな私の今の楽しみは、もみじ・あざみのみんなから届く手紙です。みんなの手紙には思わぬ発見や、喜びや緊張があります。外部との交流が閉ざされた暮らしを、なんとか楽しいものにしたいと奮闘する職員の姿も見えます。今年の追悼会は、三浦先生のお経が流れたとのこと、心暖まる話でした。

ひとみさんの手紙には、としえさんとよりこさんの絵手紙が同封されています。それには必ず、ひとみさんが本人になった気持ちの添え書きがあります。空白の部分に飛び交う文章は、まるでパズルです。文章として繋いで読むには、なかなかの苦難。それもまた楽しみです。としえさんになった気持ちで書いた文章が、いつの間にか、ひとみさんの言葉になっている面白さ。ひとみさんの手紙は幼い幼いものです。そんな力でも人のためにしたいとがんばるひとみさん。素敵です。

八十一歳のなつこさんの手紙には、自分の老いをきちんと受け止め、老いを生きる姿勢を読み取れます。なつこさんは、十八歳で入寮した言葉は理解できるが言葉を発することのできないさとこちゃんの成長を、姉のように寄り添って見守ってきました。なつこさんの手紙には「さとこちゃんは五十一歳になりました。もうギャーギャー大声を出さなくなりました。おとなになりました。なんでも一人でできるようになりました。」と評価し、「ゆみこちゃんが、私の代わりが出来るようになりました。」と、大切な親友に自分の役割を託し、「今は、私はゆみこさんとさとこちゃんに助けてもらっています。」と、今は自分の育ててきた、若い人たちに助けてもらう暮らしであること、そして「私はむすび織をがんばります。」と、今も人々に評価されている織物をすること。老いをしっかり受け止めた生き方を示しています。

彼女は耳がかなり遠くなり、外を歩くには支えが必要です。表情はなくなり、生活の力はかなり衰えていると思っていた彼女が、自分の言葉で、前向きに老いと向き合う自分の思いを、こんなに的確に表現できる力があったことを知り、感動でした。

コロナ禍であることで知ることのできた、宝物でした。

長年、みなさんの発達をみつめてこられた石原さん自身が高齢となりました。しかし、石原さんは、もみじ・あざみのみなさんが悩みと願いをもち、長い年月をかけて他者と共に暮らしながら、その内面にあるねうちを輝かせてきたことを間近で見つめてこられました。だからこそ、高齢期の悩みと向き合い、そのねうちを見出していこうとするなつこさんの姿に感動を覚えるのでしょう。そして、みなさんが前向きに高齢期と向き合う姿から、石原さんも自分自身の高齢期について気づきを得ているのだと思います。

今、障害のある人を利用者と呼び、職員は支援者と呼ばれています。どんな呼び方なのかではなく、目の前にいる人が生涯において発達し続ける存在であることを再確認し、発達保障の視点に立ち取り組む支援のあり方をあらためて探求していきたいと思います。

また、支援者自身がその取り組みを通して、自分自身が発達を保障されていく存在であることに気づける社会となることを望みます。

２０２３年３月10日

張　貞京

張 貞京（ちゃん　ちょんきょん）

京都文教短期大学幼児教育学科准教授。

京都大学大学院在学中から、ボランティアで社会福祉法人大木会もみじ・あざみ寮（当時）に通い始める。当初は寮職員になるつもりだったが､実践と研究をつなぐ道へ進み、嘱託職員として、寮に通うように。趣味は人間観察。

共著『保育者のためのコミュニケーション・ワークブック』（ナカニシヤ出版）

本書をお買い上げいただいた方で、視覚障害等により活字を読むことが困難な方のために、テキストデータを準備しています。ご希望の方は、全国障害者問題研究会出版部まで、お問い合わせください。

高齢期を生きる障害のある人
人とつむぎ、織りなす日々のなかで

2023年5月10日　初版　第1刷発行

著　者　張 貞京
発行所　全国障害者問題研究会出版部
〒169-0051
東京都新宿区西早稲田2-15-10 西早稲田関口ビル4F
Tel.03-5285-2601　Fax.03-5285-2603
http://www.nginet.or.jp
印刷所　モリモト印刷株式会社

　ISBN978-4-88134-086-8